JN123584

Grundtvigs Vidskabelige Skrifter

グルントヴィ哲学・教育・学芸論集

1

# 世界における人間

［新版］

N.F.S.グルントヴィ……著

小池直人……訳

風媒社

# 凡例

一　本書に収録されたテクストは①Om Mennesket i Verden, 1817 ②Om Meneskets Vilkaar, 1813 ③Skabt i Guds Billede: En lidet kendt udredning af Grundtvig fra 1814 ④Menneske først og Christen saa, 1837 ⑤Menneskelivet, 1847 ⑥Menneskelivet, 1861 である。訳出にあたって、①は K. B. Gjesing によって編集され、ヘアニン市の Poul Kristensen 社から一九八三年に発行された版を底本とし、②は G. Christensen og H. Koch (ed.), *N. F. S. Grundtvig Værker i Udvalg*, Andet Bind, Gyldendal を、③は *Grundtvig Studier*, Aargang 38, nr.1, 1986 から、④⑤⑥は *N. F. S. Grundtvig Værker i Udvalg*, Ottende Bind から訳出した。なお、①の「第三章」の訳出にさいして独訳テクスト（*N. F. S. Grundtvig: Schriften in Auswahl*, herausgegeben von K. E. Bugge, F. Lindgreen-Nielsen und Th. Jørgensen, Vandenhoeck & Ruprecht, 2010）を適宜参照した。

二　訳注はテクストごとに、（1）（2）（3）……と番号を付して論考の末尾に一括して掲げた。また、本文中の［］内はすべて訳者による補足である。

三　章立て、章題はテクスト基づくものと訳者によるものとがあるが、訳文中の小見出しはすべて訳者による。

四　写真の挿入およびそのコメントはすべて訳者による。

目　次

**第一部　世界における人間**　9

序　人間の考察に向けて　10
［見えざるものにかかわる人間］／［「どこへ」の省察］／［世界における人間像の解明へ］

第一章　時空における人間　18
［時間とは何か］／［空間とは何か］／［創造という条件］／［経験される人間の考察にたいする予備的注意］

第二章　人間の条件をめぐる彷徨　27
［哲学・学芸の条件としての信仰］／［ユーモアの効用］／［生ける人間の条件］

第三章　人間の身体的条件　38
［身体と世界との結びつき］／［感覚活動の統一としての手］／［自然界の連関］／［動物か

ら人間への移行〕／〔身体的諸感覚と理性の順序〕／〔動物と人間との相違〕／〔近代的自己意識の達成と限界〕

第四章　人間の精神的条件　54

〔精神の複合的なあり方〕／〔歌謡と詩情〕／〔精神理解のエレメントとしての歴史〕

第五章　人間の自己自身にたいする関係　59

〔人間的自立の仮象性〕／〔堕落をめぐって〕／〔意志と良心の働き〕／〔精神の働きとしての良心と信仰〕／〔多様な民属の径路の意味、偶然とそれを知る者〕／〔自然哲学者とその詩芸術〕／〔人類の一体性と差異、キリスト教のあり方をめぐって〕／〔意志と良心の意義〕／〔人間的生の受容性と精神の発達〕

第六章　詩情、学問、歴史　83

〔ヴィジョン、想像力、詩情〕／〔魂の自己感情としての良心〕／〔真理への愛と祖先への愛〕／〔神像としての人間とその認識の歩み〕／〔歴史とはなにか〕／〔生ける宗教〕／〔歴史の径路と展望〕

**第二部　人間の条件**　103

序　章　人間の条件　104
［人間とは何か、自分自身とは何か］／［聖なる光のもとで］／［真理への愛］／［懐疑と軽蔑のなかにある真の学識］／［何を知の要求にできるか――単純明快を支えとして］

第一章　人間の条件をめぐって　118
［人間への問い］／［生の探求］／［世界の享楽と苦悩をめぐって］／［苦悩の意義と神の平和］／［再内奥からの呼びかけ、ことばへの彷徨］

第二章　感覚・感情と想像力　136
［考察の端緒としての感覚］／［想像力について］／［ことば遣いをめぐって］／［感情、想像、概念］／［自己感覚、理知、生表現としての感情］

第三章　生とは何か　151
［生の理解のために］／［真理への愛］／［矛盾律をめぐって］／「私たちは本来自立的か」／［時間と人間］／［神の宇宙論的証明］／［母による神聖な警告］

終　章　人間の条件一般について　169
［一八世紀思潮の未熟さ］

## 第三部　補録　人間の生によせて　173

一　神像として創造された人間　174
［神像としての人間］／［人間の完成可能性］／［堕罪を越えて］
二　まずは人間、しかしてキリスト者　181
三　人間の生　185
四　人間の生は不思議ですばらしい　197

訳注　201
旧版への訳者解題（謝辞：Tak）　229
参考文献　249
新版への訳者あとがき（謝辞：Tak）　251
索引　263

# 第一部　世界における人間

グルントヴィの啓蒙にかんする仕事は1810年代の時代批評『デーンの防塁』（*Danne-Virke,* 1816-19）誌の時期にはじまる。そこには後年の彼の活動の基礎になる原理的考察が収められており、『世界における人間』もその一部であった。（画像は *Bag Dannevirke,* 1863, Rigsarkivet より）

# 序　人間の考察に向けて

人間とはなんと複雑で、不思議であることか
誰がそうさせたかと、たいへん気にかかる
誰がそんな奇妙な両極を我等のなかに並存させたのか
相異なる性質がみごとに混ぜ合わされているのだ
懸け離れた諸世界の絶妙な結合よ
無から神性への途上よ
制限され、和げられた天空の光線よ
束縛を受け、名を汚したけれど、それでも神的なものよ
絶対的偉大さのおぼろげな似姿よ
虫けらであり、神であり
人間は、人間にとってなんと奇跡的であることか

『若者の夜の思索 (1)』

## ［見えざるものにかかわる人間］

人間が自分自身にとってひとつの謎であること、古代の歌謡はすべてこのことを認め、謳いあげた。謎を解き明かし、人間を概念的に理解したと思い込んだのは、一八世紀の思想家たちにしてはじめてであり、彼らに固有のことであった。だが、彼らがそこで犯した著しい誤りは、証明できないことを主張して我々に贈った証明、まさにその証明そのものに他ならない。さらに我々が見てきたのは、十全な人間だけが十全かつ明快に自分自身を概念的に理解すること(2)、そして人間の謎をその深さと広がりの全体において学び知ることができ、さらに時代が知っていたもの、時代の経過のなかで解きほぐされ、解明されたものを理解できるのは歴史によってのみであること、こうしたことであった。ここからの直接的帰結であるが、個々人あるいは個々の時代を理解できたとしても、そのことで人間は理解されていないだろう。だが、各人が、そして［現代という］時代そのものが、最高で最深のものを、人間における本来的な謎を見失ったことにたいして、もうまったく争う余地のない証拠がある。というのも、感覚の倦怠を越え、時代の諸々の限界を踏み越えるものは、人間の見えざるものへの関係であること、つまり人間の過去と未来への関係、人間の憧憬や予感(3)、人間の畏怖や希望であること、このことは否定できないからである。こうして我々にわかるのは、人間が自己自身を見えざるものから独立しているとはみなせないことである。身体が魂を支配あるいは圧迫し、身体が自己意識を混乱させあるいは取り込む場合に生じる動物的惰性、あるいは無思慮の興奮は例外であるが、これ以外のいかなる状態にあっても、我々は自分自身を見えざるものから独立しているとみなすことはできない。というのは、見えざるものへの憧憬がすべて止み、すべての予感が消え、良心が死に絶え、畏怖と希望とが無関心のなかにかき消されてしまったとしても、我々が生まれ、死すべきものであること、我々の生が時間的・現世的であり、見えざるもの、見知らぬものにはじまり、そこに終わること、こうしたことは我々には否定できないことだからである。

しかし、このようなことではあるが、同時に人間が深く、不可解ともいえるほど深く沈み込んでいることもたしかである。人間は、自分自身を概念的に理解したと考える場合、すなわち、自らの起源と死、時間的な端緒と終局とを理解せずに、彼の心にあるものを理解したと考える場合、人間を他の何も話さない動物から区別するのは声による語りであるにすぎない。なるほど、蒙昧や鈍重、無関心、それらは百年この方、ヨーロッパじゅうで改善されたのだが、それら蒙昧や鈍重などを恐れるにはキリスト者である必要はない。考え、感じる人間の子である必要があるだけだと思える。蒙昧な指導者たちは永遠なものへの配慮、大いなる謎の解きほぐしへの配慮から同世代の人々の眼を背けさせたのだが、こうした蒙昧な指導者たちにたいして激しい怒りを感じるにはキリスト者である必要はない。必要なのはたんに考え、感じる人間の子であるだけだと思える。我々はすべて、必然的に大いなる謎に取り巻かれているのだが、その謎解きを避けることはできない。だがせいぜいのところ、そうしたことを忘れられるのは、見えざる手(4)が我々自身を結びつける絆を断ち切ることで優位性と力強い臨在とを我々に示す時点までのことである。その絆は、我々自身を、つまり考え感じる者としての不思議で素晴らしい存在者を彼の器具や住居に結び止めるものである。だが、そうした絆が断ち切られることで、塵が塵になることに任されるのだが[5]、そのことで我々は、すなわち息を吹き込まれ動かされる塵である我々は、どこへと導かれるのだろうか。

**〔「どこへ」の省察〕**

この「どこへ」の刻み、大いなる謎のことばの深い刻み、拭い去れない刻みを受け取った塵のなかの人間の心が、どこへと扉を叩くのか。どこに人間の思考が集中されなければならないのか。何にたいして人間の思考は立ち止まり、沈黙するのか。真理をすべて武器として動員し、雷と稲妻、〔理知による〕根拠づけと笑いを動員して、魔術によって死せる人々を眼隠して最終目標を探させない怪物（トロル）とたたかうことに誰が手を拱くというのか、誰がたたかいを希望してはならないというのか。すなわち、怪物は感覚の揺りかごで心を寝つかせるので、心は我を忘れる。最深の憧憬と最重要の問いとを忘れる。万事に宛てられ、永遠の生あるいは死に宛てられた問いを忘れる。そのような〔問いの省察を行う〕いかなる者も自己の運命全体から、無関心という停滞のなかに落ち込んでいる同時代の仲間たちの覚醒に努めてならないということがあろうか。とくに大衆のために考え、知の光をもたらし、語るよう創造され、そうしたことを慣わしている仲間たちの覚醒に努めてならないということがあろうか。

そうした努力を少なくとも私は信じている。だから、私が指揮して動かしたペンがむなしく休息し、舌が沈黙するように見えても、〔同時代の〕眼が、人間の救い主にたいして不明の状態にあるように、人間にたいしも不明の状態にあるのかどうか、人間の条件と人間の衝動にたいして不明の状態にあるのかどうかを吟味することは私の義務である。天から下って響く真理の雷鳴が愛による快い鳥たちの歌声や竪琴の響きに溶け込むように、［同時代の］耳が、墓を越えて我々の最内奥にこだまする真理の声を聞き取れないほど衰弱しているのかどうかを吟味することは私の義務である。［同時代の仲間たちに］魔力が忍びより、あるいはそれが呼び出されるのかどうか、そのさい無防備の睡眠時間だけが眼を閉じさせるのかどうか、あるいは［同時代の仲間たちの］手そのものが意図的に束縛の絆に結びつけられるのかどうか、そのことの吟味は私の義務である。［同時代の］心が［神の］光への死のような憎しみを受け入れたのかどうか、あるいは心が我意や恣意によってだけ押し入ってくる闇を許容したのかどうか、心は依然として何度も何度も恐れを抱き、今なお折にふれ光を求めてため息をつき、頻繁に闇の鎖の重さに安からぬものを感じるのかどうか、これらのことの吟味は義務なのである。

**［世界における人間像の解明へ］**

最後に、私は少なくとも各人の心に期待したい。ルーツと系統によってデンマーク的である心にあえて期待を述べたい。というのも、外側の闇にたいしても内面の闇にたいしても恐怖が、［内面の］闇のイド[6]への憧れが強いときですらそうした恐怖があるからであり、光への悲しいほどの切望が、黄金を輝かせ、森を緑にし、大気を温め、暑くすることのできる光へ切望があるからである。そのような闇のなかを歩むことへの恐怖や輝くものへの憧れ、太陽に浴することの愛好を、私は私の心そのもののなかに見つけた。闇が私を包み、私にごく近しいがゆえに［私は闇の恐怖や陽光への憧れを］見つけた。私は、それらの恐怖や憧れを、デンマーク民属が昔日に歩んだ野中の道や森の小径のいたるところではっきり眼の当たりにするように思うし、ぼんやりと眺めもするだろう。

たしかに、無慈悲な地上の貪欲が、麗しくブナの木陰を宿す海岸をなぎ払って鋤耕した後に闇の恐怖を忘れたのは、身体的世界だけではないことを私は知っている。過去の記念碑が栗石に使うために破壊され、［我々が］生を受けた国を囲う暫定的な塀のために破壊されたことはたんに身体的世界でのことではないし、人々が幾度となく野中の道を訪れ、狭い教会の道を踏みしめたことや、広域にわたる地方道路の整備を学んだのは身体的世界だけのことでないのを知っている。人々が居心地のよい小屋の四方の壁に囲まれて自家製の光を灯し、暖を取りながら、陽光と暖かさを恋しがるのは、たんに身体的世界だけのことではないのだ。私はそうしたことすべてを知っているし、あいにくのことながら熟知しすぎている。しかし私は、荒涼とした野を渡る嵐の突発や、岩の剥き出しになった海岸では海のしぶきが森の木陰と同様にたいへん恐ろしいこと、皐月を迎えた海岸と夜鳴き鶯は、それらがいなければ度々寂しい思いに駆られることも知っている。明るく暖かな光を宿す太陽は、昼が恋しいのとまったく同じように、冬がしだいに厳しいものになればなるほど待ち遠しいものになり、深夜の時間に火と光がなくなって、羽や綿毛が老人の凍えた手を温められなくなるときには、太陽が待ち遠しいものになることも知っている。

たしかに私は、［そうしたことを］昔日の人々が語ることから知ってはいても、心が野をめぐって密かに大きな溜息をつくことに気づき、自分の子どもたちの思い出に憧れ、すばらしいブナの木立や長く温和な夏のあったかつての日々に憧れるのに気づく。そうだ、これらの不安や恐れ、憧れがあれこれの機縁にデンマークの心に眼覚めることは私にはたしかなことに思える。そこでその心はなるほど、それらの不安や憧れが乳母の部屋で過ごした頃や幼年の日々とは違った他の場に住み着くと感じるだろうし、デンマークの心はそれらの不安や憧れを追い払うために真実へと挑まねばならない。この覚醒と経験の能力への働きかけが以前の諸論考(7)での私の意図だったのだが、ここでもかわらない。ここでの課題はまさに真の哲学・学芸(8)の目標と条件についての一般的考察という未開拓領域において、とくに個々の部門についての考察という未開拓領域において覚醒と経験の能力に働きかけることである。我々の背後にあるものをいっそう強化すべきであるとしても、そのように［覚醒と経験の能力に］働きかけることで、これ以上の彷徨から我々を守るはずである。それは我々が否定できないような仕方で世界における人間像を描き出すことによる。その人間像は我々がとらえきれないほど大きな内容を含むにもかかわらず真実であり、適切である。だがそれは、我々が正嫡の祖先、すなわち我々がその後を継ぎ、興隆と衰退にあって運命を共にする祖先から引き継いだ気高さを軽々しく無責任に放棄しようとはせず、後継世代がその気高さを正当に歴史的遺産と主張する、そのようなさいには、我々は当の人間像に無関心であることはできないのである。そこで私は、時代状況や私の条件によって受け取る限定、重要さ、明快さのすべてをこの重要な考察にうまく付与しなければならないのであるが、それでも真理を愛好する読者にたいして、私に必要な慎重さを「もどかしく」残念に思わないでほしいとあえて希望したい。

もっとも、読者はここで人間の謎が解決されていると期待してはならず、たんにその謎が、可能なかぎり、まったく不思議な仕方で描き出されていることを期待しなければならない。そうコメントしても、それはおそらく的外れにはならない。私が「どこで」解決を見つけ出すかがわかるし、そうした解決は自然な仕方で、歴史の日々の終りにはじめて可能だということは、私がかねてから示そうとしてきたことでもあり、ここでも確認されることがわかるだろう。

# 第一章　時空における人間

**〔時間とは何か〕**

世界における人間というとき、我々は二重に不思議なものに言及している。つまり世界の本質実在にかかわって、時間とは何か、空間とは何かということがらに言及しているからである。時間と空間は人間的表象のなかにのみ属するといわれてきたが(1)、しかし、かなり厄介なことを簡単には語れないだろう。というのも、もしそんなふうなら、時間と空間は我々を制約できないだろうし、人間は自分自身によって存在しなければならないし、自分自身を永遠なものとして意識しなければならないだろうからである。これにたいして、時間においてのみ何がしかのものが生まれ、進展し、展開され、創造されうるのだから、人間が現に生れているのであれば、人間以前に時間が存在したことになる。時間の現実・活動性と世界のそれとは同一のものであって、我々が時空の我々への作用を否定せず、そのことによる我々の意識を否定しようとしないかぎり、時間の現実・活動性は否定できない。時間と世界の現実・活動性とが自体的であるのかどうか、それらが独立的であるのかどうか、こうしたことはまったく別の問題である。我々はこれらの自体存在を端的に否定しなければならない。というのは、時間的なものは永遠なもののなかにあって、永遠なものによってのみ何がしかのものであるにすぎず、永遠なものの啓示として借り物の現実であるにすぎないからである。なぜといって、時間的なものはそれ自体の原因ではないし、それ自体に原因を含まないからであるが、しかし、それは結果として現実的であり、その活動は当の原因がもはやこうしたあり方において活動的であろうとしなければただちに停止するのである。

ところで、可視的世界において光が時間を支配するのであるが、それと同様に、時間はたんに光と闇との闘争のなかで働いているにすぎない。こうして精神の国における時間の現実・活動性は、精神的な光と闇との闘争のなかに、つまり真理と虚偽との闘争のなかにのみある。この立場から我々にはっきりとわかることは、時間がそれ自身において一時的、暫定的でなければならず、時間にはじまりがあり、終わりがなければならないということである。というのも、虚偽は真理からの離反であるのだから、開始されねばならなかったし、終結されるはずのものでなければならないからである。そのさい、この真理からの離反は、それを開始し扇動する者に授けられた力をすべて支出させ、その力が十全に消耗し尽されるなら、その闘争は必然的に停止する。というのも、闘争が対立的活動であるのは当たり前で、それは相対立する［精神的］諸力を、あるいは相対立した諸々の意志によって行使される諸力を前提とするからである。

他面でまた、我々は時間がその対立を終わらせるにちがいないと確信できる。もっと明確にいえば、時間が活動的な対立諸項の関係に他ならないことを確信できる。というのも、変化がなければ時間は存在せず、時間の一性そのものは不変であるが、相争う二重性がある場合にのみ、つまり精神において一つでない二重性がある場合にのみ、それゆえ、一つの個別体が空無化されねばならないときにのみ、変化と時間が存在する。事象が生成してしまい、現実・活動的なものがすべて一つになるとただちに、変化と時間はすべて必然的に停止する。こうして時間が現実の諸対立項のあいだの関係、相争う真理と虚偽との関係であれば、時間は自立的真理における現実・活動的な表象である、つまり真理の虚偽にたいする対抗関係の表象であり、啓示にしたがえば、［真理の］子の虚偽の父としての悪魔にたいする関係の表象だ、ということになる。こうした真理の虚偽にたいする関係からする子の表象はまさしく、真理の固有な像、形姿である。というのは、その関係がこの［真理の］人格性をなすのだが、その人格性は闘争が時間的、暫定的であるのとまさしく同様に時間的、暫定的だからである。

こうして我々はたしかに、我々が出発した場に突如として出くわすことに驚く。というのは、我々は、人間が独立的真理の時間的な像であることをもってはじめたからである。したがって今や我々には人間が、真理の独立性による真理の現実・活動的な表象、あるいは真理と虚偽との関係における現実・活動的な表象を表現することがわかるのであり、したがって、時間が精神的な現実・活動性を帯びるのは人間においてであることはまったく正しいことがわかる。だが、よく注意してほしい。人間においてとは、真理の像としての人間においてのことであり、それゆえに、真理の像においてであって、人間のもつ表象においてのことではないことを。

**［空間とは何か］**

さて、空間にかんしていえば、すでに述べたように、空間の人間にたいする現実・活動性は、それが人間に働きかけることから明らかである。というのも、時間が年齢を制約するように、空間は人間を［身体の］サイズで制約するからである。真理の像、形姿を制約するものは必然的に真理の表象において現実・活動的でなければならない。でなければ、人間という真理の表象は何者によっても制約されず、［その結果じっさいには］真理が虚偽によって制約されることになってしまうが、このことは、無が万事を結論づけ制約しうるという主張と同様に不可能なことである。しかしながら、このことがいっそう明らかになるのは、我々が空間とは何かを考察する場合である。というのは、たしかに承認されるにちがいないことだが、空間があらゆる制約や延長の条件、感覚の圏域におけるあらゆる尺度基準の条件であるなら、空間は当然、光と闇との関係を構成する、すなわち［時間における］真理と虚偽との関係とまったく同様に現実・活動的でなければならないひとつの関係を構成する。その関係の眼に見える感覚的側面、つまり、世界的すなわち世俗的側面が空間である。

光は真理の身体であり、闇は虚偽の身体であって、光において制約するものはなく、闇において制約は認識されないが、ただ光との関係においてのみ制約は現れる。闇は空間それ自体であり、同様に、虚偽は時間それ自体である。闇と虚偽とはともにそれ自体においては無であるが、光と真理に対抗して相争う関係において、それら両側面の離反の結果において闘争として究極的な現実・活動性を保持する。その闘争のなかで真理と光は虚偽と闇とが奪ったものを手に入れる。その闘争の第一段階が世界の創造であったが、第二段階が人間の生である。前者は闇の没落であったが、後者は虚偽の没落となるであろう。真理は、世界を創造したのであるからその力を啓示したのであり、人間を真理の像、形姿として創造したのであるから、真理それ自体を時間と空間において、最終目標でありかつ時間の目標として創造した。ちなみに、この［真理の形姿としての人間という］目標において時間と空間は、それらからの帰結であるすべてのことがらによって現実を保持しており、真理の眼において現実・活動的であり、そのさいに時間と空間であり、真実味を帯びたそれらである。そして時間と空間とが真理とのかかわりで表象されうるかぎり、それらはたんに感覚的であるだけでなく、真理指向的、精神指向的でもあって、このことが人間における時間と空間である。というのは、人間においては、時間と空間にかんする真理の表象は真理における共同の解明に結びついているからである。

**［創造という条件］**

ここから人間にとって三重の条件、つまり時間と空間という条件に加えて生ける創造的真理という条件が出てくる。しかし、すぐにわかるように、これらの三つの条件は一つの条件、すなわち、創造という条件を構成する。なぜなら、創造が人間の生存全体にたいする根拠であったことは否定できないからである。創造は人間の条件すべてのなかで生が精神化されたできごとであったのだが、しかし人間が、人間の感覚的条件と呼ばれるような空間と時間という下位の条件をもつにいたったこと、このこともまた明らかである。というのも、人間が時間と空間において創造され、塵から形づくられたからである(2)。この塵により人間は世界の諸事物と関係し、闇と虚偽とに関係したのだが、その塵のくびきから、人間という塵は大地全体とともに、光という真理の力によって解き放たれたのである。したがって、人間は必然的に時間と空間それ自体に、すなわち虚偽と闇に条件づけられていた。しかし、敵対的関係は［光の］勝利とともに終結するはずである。そこにおいて塵は光のなかで、すなわち真理の光のなかで解明され、虚偽と闇の活動は止むだろうし、その力は永遠に剥奪され、失われるであろう。

ところで、虚偽が真理の否定であり、虚偽が虚偽を語る者を前提するという点を補足すると、我々はまず、人間とその使命についてきわめて明快な表象を受け取ることができる。虚偽を語る者はそれ自身を変化させる精神であり、それ自体において現実・活動的な時間を、つまり自己自身に服し、対自的に単独で存立する時間をつくり出す。それは不可能なことではあるが、しかし、自己との関係において現実に働く時間をつくり出すと受け取れる。さらに、この変化は必然的に転落であり、変化が真理の侵害を行う点で永遠なものからの堕落であり、変化が反逆するという点で真理の排斥であり、変化が掠め取るという点で光の排除である。すなわち、先の変化は闇のくびきに繋がれた時間と空間の牢獄として受け取れよう。

最後に、真理によるものは損なわれえないのであるが、しかし、自己意識すなわち魂は真理に帰りはするが、そのさいに変転のなかにはまり、その変転は死よって終結する。死とはすなわち、魂がそれによって独立的であることを意欲するものから離別すること、すなわち魂がその力や器官から離別することである。というのは、これらのことがらを考察すれば我々にはわかることだが、時間はその現実・活動においては変転にすぎず、その変転において転落した精神すなわち根本虚偽の語り部である失われた魂と、その力や身体器官としての天賦の才との離別の審判が行われる。そのことが起こるのは、魂とその力や身体器官とが新たな自己意識において、新しい魂において真理と統一され、この新しい魂へと人間が創造されたときにこそである[3]。しかしその人間は、自らの闘争に耐え、その過程を成功裏に成就し、真理の管轄者として［虚偽の語り部の］遺産を享受し、その遺産そのものを自身と一体化しても、永遠に虚偽の語り部の後継ぎのはずだから、虚偽の語り部からの誘惑の危険に必然的に晒されていることとではであろうが。［とはいえ］真理が創造したであろうものはすべて、まさしく良いものであり、被造物の自己意識である。つまり、それは人間における光であり、人間における魂であり、理性であるのだが、それが真理の精神によって支配されるかぎりでは良いものであろう。だが、各人の下位の自己意識として、それ自身によって［真理にたいする］反逆へと、真理を欠いた自立性の切望へと誘惑されることがありえたし、誘惑されねばならなかった。つまり、真理を欠いた自立性を主張する虚偽の精神に侵されねばならなかったのである。

**［経験される人間の考察にたいする予備的注意］**

だがしかし、これらの一連の考察を中断するところにきている。そうした考察はあえていえば、きわめて迂遠で不分明で、多くはまったく無根拠に思えるが、とはいえ、私は次のことがらを論じるために、［先の一連の考察を］前置きして語らねばならなかった。なぜなら、私が人間について経験に即して語るには、人間の起源と使命についての私の確信を考察すること抜きに不可能であり、私が［読者に］理解されるにはこの点についての短い考察を前置きしなければならなかったからである。

　ところで、私が経験に即した人間の記述で誤りを犯しているかどうか、すなわち真なるものに沈黙し、それに合致した輝きを歪曲しているかどうか、これらのことを心にとめるのは読者の課題である。だが、そうした誤りや歪曲が見当たらないとしても、読者が最後までこれらの考察にあって私とともに注意深く時を過ごすことをあえて希望したい。これらの考察は、真である根拠がなければ経験と一致することはできないのだが、［とにかく］ここで私は根拠ということばを用いる。というのも成功裏に、そうしたことがらについて信頼できるほど正確かつ判明に表現するにあたって、私はあまりに大きな困難を感じてきたからである。

　さらに幾つかの理由が、私を突き動かしてこれらの考察をある種入念に仕上げさせたであろう。その理由の一つが、時間と空間を自体的な価値によって存立させるのか、それとも時間と空間をそれらの不分明な源泉に遡って探求する努力をしなければならないのかの洞察のである。というのも、中途半端になれば、思考過程全体は混乱するからである。二番目の理由は、私が聖書のことばやその預言者たちを信じるわずかな人々と、自然哲学にたいして何がしかの知見をもっている、今では少なくはない人々とをともに考慮していることである。前者の聖書を信じる人々は、思考し懐疑へと誘惑されることを常としてきたのだから、この［私の］考察を喜ぶであろうし、後者の自然哲学を知る人々は私を容易に理解するだろうが、彼らが真理を愛するなら、自然哲学が演じられ、その崇拝者を楽しませる場としての荒野に光を投げかけた諸々の輝きを喜ぶであろう。

# 第二章　人間の条件をめぐる彷徨

**［哲学・学芸の条件としての信仰］**

［こうして］我々は人間を歴史において、すなわち我々自身の経験において見るのだが、同時に人間には様々な条件が絡み合っているとも見る。これらの条件により幾多の人々が自己を駆り立て、世界中を飛び跳ね回るが、他方で一部の人々は信仰において、全体における必然的で単一の根拠に依拠する。ここで後者の人々について我々は、彼らが最善の部分を選び取ったということはできないが、しかし、彼らがある点まで行くとようやく二つの側面に分かれるような中庸の道を歩むことを認めねばならない。我々は心に真理への愛があるなら、安心して彼らを中庸の道へと歩ませることができる。たしかに我々は、自己自身を認識しようとする幾人かの読書家が自分でもすっきりしたかたちで信仰を回避できる時代を生きている。すなわち、信仰は、それが見受けられるところでさえ衰退が著しい。ゆえに、信仰が最も難しく見えるような諸々の懐疑を解決することで懐疑の無意味さを洞察さ

せるまで、懐疑的な人々をあえて無視しないのだが、そうした時代に我々は生きている。

たしかに［自己自身の］認識の道に歩みを進めるたびに新しい懐疑が、それゆえ外見上は、より強い懐疑が生まれる。なるほど、そうした懐疑は深刻な憂いとともにかつて乗り越えがたいと見た山々を意味した。だが信仰は、それらの山々が光によって塵のなかに沈むと見たのである。それ以来信仰は、積み重ねられる懐疑の山々がたんに信仰自身の眼のなかの塵のかけらにすぎないことをけっして忘れはしないだろう。ちなみに、それらのかけらは信仰が光を見るのを妨げるのであるが、光それ自体はもちろん塵のかけらによって、またかの山々によって覆い隠されることはないのである（1）。

他ならない私自身の経験に基づくこのコメントは、私の読者で［そのことを］自ら経験したことがない人々にたいしては、かの粗野な貪欲の炎に冷水をかけることに役立つだろう。そのことがなされるのは［人間理性の］光によるのではなく、輝きによって、つまり太陽の輝きと知恵および機知によってである、換言すれば、哲学・学芸の道において一歩一歩、とくに輝く眼をした若者たちの開かれた未経験の心をとらえるよう努める無限の視界によってである（2）。信仰の岩屋から来た聖なる人々を除けば、すべての死せるに等しい人々の視界が山によって、あるいは計り知れず、見通しのきかない深淵によって妨げられることはそれほどはっきり意識されるわけではないし、同様に、最長のヴィジョンと最短のヴィジョンとの相違や、最鋭のヴィジョンと最弱のヴィジョンとの相違もこのような通常の観点では、地上にある空間が天上とその光からの距離によって異なるというような仕方で問題にされることはない。

なお、この哲学・学芸が我々にとって有益であるのは、我々がそれを我々自身のために求めるときではない。我々の内面で、そして我々の周囲で懐疑をへこませ、信仰を強め、我々の眼の構造と我々の立場とが許すかぎりで明快に、すなわち創造者やその摂理が意志するかぎりで明快に真理の栄誉の光を我々の眼にもたらし、照らし出すために求めるときにだけ有益である。そうだ、なぜなら、このことが生じうるのは、まさしく平静さと調和とが挑戦を受け、基本的確実性と所有物への満足とが挑戦を受けるからである。平静さや調和、確実性、満足といったことは唯一信仰だけが与えることのできるものであり、それらはまた、猛り吼える貪欲や嵐のような欲望とは調和しない。貪欲や欲望はまさしく眼を朦朧とさせ、その立場を混乱させるからである。信仰ぬきに哲学することは眼をもたずに見ようとするに等しい。自らの信仰を概念的に理解しようとすることは、［自らの両の］眼をよく見るためにそれらを切り離すようなものである。だがしかし、自らの信仰を人類の経験や自分自身の経験と比較することは、人間を鮮明に映らない鏡を用いて考察することである。すなわち我々自身は神を見ることも、自分自身を洞察することもできないという前提で考察することである。しかし、それは我々が疑いなく永遠の指に示される軌跡を、つまり信仰が告知したものを表す特性を見ることでなければならない。我々は感じられる多くの謎をどのような仕方によっても語ることはできないのであるが、それでも信仰において解決されているという前提におい見ることでなければならない。そうした考察において、なぜ人々は健全な知性（常識）をもち、それを用いるときに必然的に信仰をもたねばならないのか、その理由をじっさいに学ぶことができる。それはちょうど、人々が鏡の賢い使い方を知り(3)、通常［虚栄心を満たす化粧用］の鏡の空しさを知ることと同様である。人々はそのようにして自らの眼を用いることができるし、それを用いようとするとき、なぜ必ず［信仰の眼で］見なければならないのか、その理由を学ぶことができるのである。

このように私は哲学・学芸を耕し育てるが、それは神性としてではなく、教会の畑として耕す。私はそこでとれた作物を祭壇に捧げるであろうし、得られた利益が、瓦葺き［屋根］よりも風のいたずらをしっかりはね返す銅葺き屋根［の備え付け］の手助けになるだろうからである。

［とはいえ、］誰かがその畑を別の仕方で耕したことが私の責めにならないように、そのことについてちょっとメモしておいて、それをもとに繰り返し警告を発するような事態を私は望んでいないが、［そうしたこともあるだろう］。というのも、私は世間が笑ってもキリストが恐れる罪によって私の良心を悩ますよりも、むしろ絶えざる警告によって読者の堪忍袋を揺さぶろうとするからである。私は今も昔も、聖書の真理のことばの盲目的信仰を賞賛するために書いた自分のことばのすべてを認める純なキリスト者でありたいと願っている。私は、あらゆる知と哲学・学芸とがごくわずかであっても絶対的であろうとするなら(4)、すべての知識体系と哲学・学芸が虚しいことを証明するために私の書いたことばを承認する純なキリスト者でありたいと願っている。私には、その［哲学・学芸の非絶対性という］ことは、けっして疑ってはならないことなのだ。だから私の警告を度外視して、そうした［絶対化された］知識体系と学芸が時代に定着するようなことはけっして許してはならないことである。自分たちが信仰を失った淋しさも感じずに、理性的に考えることが必ずできると信じる時代に

簡単になるということは許されてはならない。それゆえ、時代はたしかに、私の現在の努力によって裏付けられた想像力を好ましいと見るであろう。私が、私の信仰と絶えざる思考との連関を展開しようと努めたとするなら、好ましいと見るであろう。とはいえ、問題なくコメントできることであるが、［人々は］その信仰を手にする前に私を信用することがない。だが、私の責務はそのことをよしとしないことである。というのも、私のなじむ学識が誠実であるのと同様に、私の行動もまた、［僧服で］正装をしようが、［カジュアルに世俗生活において］ジャケットを羽織ろうが、誠実であるべきだからである。

### ［ユーモアの意味］

さらに、私がこの場でいくらかことばを費やすにふさわしいことがある。それは表現やいい回しの点で冗談になっているが、たいへん真剣なことがら、幾人かの私の最愛の読者と衝突した点にかかわるが、私の語調を少なからず支配しているように思えることがらである。まったく理にかなったことだが、私はその冗談がときどき時宜をえないものになると認めることからはじめようと思う。というのは、熊手で自然を追い払っても（naturam pelle furca ex）、自然すなわち魔女は再びやってくるからである[5]。一度見る眼をもてばわかるはずのことであるが、私の性格はどんなファンタジーとも縁がなく、むしろ散文的に単調で退屈にすぎる。とはいえ、何かの仕方で私とホルベア[6]と比較しなくても、私にはホルベアのように詩情や夢想といったもののすべてを好む自然な趣味があることを告白しなければならない。それが、ホルベアもまた二三歳になるまでの私に（7）じっさいに影響を与えた詩人であり、完全な著作家のモデルだった理由である。この告白は、私が弁解したくないものだと釈明しなければならないが、その告白によって私がいいたいのは、なぜ私が自分の自然な喜びを抑制しないのかについてである。このような論考で私が概してそれを抑制できるだろうことはわかっているが、なぜそうしないのか。それには、いくつかの理由があるのだ。

まず私には、一つの枠組を糸で縫うように考えたり書いたりすることは、冗漫で疲れるように思えるが、多くの人々もそう感じると思う。疲れているときにはうまく書けないし読めない。次に、私にも多くの人々にもたしかに当てはまることだが、思考の高みから世界を眺める場合、背伸びして爪先で立つ誘惑に駆られることがあるだろう。それは、ある場合には［視界を］少し広めにして見るためであり、ある場合には［視点を］少し高めにして、他の人々の頭越しに野原を見渡すためなのだが、それらはともに、それ自体が見苦しく、有頂天からの転落で終わりやすい。これにたいして、しゃがんで身を低くせよというのがよりましな助言であることはわかっている。というのは、そのことで、その人の［じっさいの］高さとその人が借りてくる高さとの違いに最もよく気づき、忘我の境地が消え去るからである。低いところでは見せかけと現実とがまったくよく区別され、高所にいるときのように超越的になって諸々の笑いや異論を放任できないから、いっそう注意深く自己を表現する必要が生じるのである（8）。

それゆえ、著者と読者の両方が、すべての話題で理性をめぐって、また理性のために気のきいた冗談を交えるスタイルをしごく巧みに用いることが、私の確固とした確信である。そうしたスタイルは冷静さを求めて奨励し、沈着さをサポートするからであり、そのことが健全に思考し、正しく結論し、議論の根拠を打ち出すさいまさしく不可欠なのである。思考における厳格さ、調子の真剣さ、表現における荘厳さ等のかたちで思い浮かべられることがらの概念上の一般的不穏当は、知恵や機知、ユーモア、大胆さと一致しない。そうした不穏当はなるほど、私に疑わしく表面的と思われることを抑制ないし払拭するよう促すが、しかし、私が適切で必然的とするものを促しはしない。いったいなぜ私はそうした不穏当を排すべきなのか。［不穏当の排除は］苦労して私の諸々の論考を読もうとしない人を驚かせる手段として私にとって必要であり、そもそも私の論考を楽しんで読む人には何の不平もない。私の論考は生まじめに書かれているが、それらを生まじめに読む人はその生まじめさに慣れるであろうし、しばしばごく真剣なものよりも、多くのユーモアを用いた表現にいっそう深い真剣さを見出すことはまれでないだろう。というのも、私が時には私のユーモアを笑い飛ばすとしても、私が慎重にユーモアによってちらりと覗くことに心を砕いていると考えることができる。そのために、ユーモアは私にとってたいへん高くつき、危険でもある。一般に、私にあっては最も不用意に置かれたことばが最も確固としたものであり、それらが最良に考えられたものであるのはたしかで、よく調べればそのことがわかるはずである。というのは、考えをまとめるさい、確固とした足場を意識していなければ、不正確で低俗な場に不用意に立ち入ることはないからである。

## ［生ける人間の条件］

ところで、上記のような長いエピソードは、すべての技芸の規則とたたかう本章よりもむしろ［たいていは］前置きのところで見られるだろうことは私にはよくわかっている。しかしまた、このエピソードが私の読者をしごく確実に見つけ出すのもわかっているので、そのことに最大のアクセントを置いている。考察にあたっては、技芸の規則を犠牲にするのが私の慣わしである。というのも大なり小なり美は真理に席を譲るべきであり、本来そこで欠けているのは輝きだけだからであり、真の美が真理をけっして損壊しえないからである。真理の眼で見れば、すべての真なるものもまた美しい。これにたいして、美と呼ばれるものが我々に積極的に想像させようとするのは、美が真理との葛藤のなかにあってさえ、真の美を維持することである。

だがこのことについては、我々が人間の条件に正対するときいっそう当てはまる。我々は、彷徨という行為にふさわしく心意識を働かせ、足を運びながら、まさに人間の条件に立ち止まった。つまり、彷徨は安直なことがらではない。過去百年の二流の著述家の面々が、スリッパを履き、ナイトキャップをかぶって朝のパイプを燻らしながら、人間学者ないし心理学者、教育学者としてどのように歩んだかを考察する、そうしたイメージで描かれる安直なことがらではない。身体的な面からはいえばたしかに、そうした習わしは私のものであることがわかるが、その面では、外見が巻き毛だったりカールだったり、雄鶏の櫛をしていたり、帽子に金色の飾り房を付けていたり、ハンガリーのブーツを履き、フランス製コートを装い、プロイセンの紳士帽とあらゆる種類の縁無しドイツ帽をかぶっていたりする他の人々の習わしとはずいぶん違っている。だが、それらの人々は内面的には彼らの祖先が毎日その国でつくりあげてきた慣習に口笛を鳴らしてきた。だから、そうした慣習は基本的に自慢話で、私はきっと好にならないだろう。だから、外見上のスリッパやナイトキャップと同様に、内面において、健やかな夜の思索と朝の正夢、そして少しばかりの古風な朝の祈りと聖書朗読、そうしたことを私は人間という森の迷路を彷徨するのに最良の備えとして保持している。そうすれば期待したものすべてが現実にならなくても、あるいは見るものすべてを理解できなくても、簡単にいらだたず、自虐的にならず、自らの道を見失わず、長靴を履いた人々のように膝まで届くほどの泥のなかを歩むことも、泳ぎの得意な人のように首がつかるほどの水のなかを進むこともないからである。［長靴を履いた人の場合］もしそんなことをすれば長靴は泥のなかで動かせなくなり(9)、［靴を脱いで］靴下で家に帰らねばならない。泳ぎが得意なら人々が沈んでしまうのを救うことができるが、泥に足をとられずに人々を助けることはできない。家に持ち帰るものはただ洗って乾かしたいと思うだけである。

これにたいして、私たちは泥を泥であることに任せるから、杖を使って泥の深さを測ることができ、とくに湖水を湖水であることに任せるから、日の昇る穏やかな天候のなかで、その深さがわかり、その他のことは時が解決するにまかせるだろう。幾らかの人々と一緒に、そしてそもそも馬跳びをしたり、とんぼ返りをしたりするだけの我々のまわりの子どもたちと一緒に空を飛ぶには、たんに我々が空飛ぶスリッパを考案し、最新型の飛行船を理解することだけが手助けになるが、そうしたことは、最古の羽のマントが空しく水の表面に浮かぶように(10)、太陽にも月にも、何がしかの星々にも到達することはないし、ましてや、それらの天体のなかで力を輝かせる精神にまで到達することはないのである。

これにたいして我々は、生が運動し己を表すものすべてを親愛の念とともに考察するだろうから、鳥の歌を聞こうと考えるし、蜂に攻撃されても走って逃げないだろうし、忘れな草を無視しないだろう。あらゆる彷徨にもまして価値のあるこれらの目的をもって我々は彷徨しはじめるであろうし、できるかぎり簡潔な彷徨となるようにするだろう。すでに述べたように、魔の森を訪れ、できるかぎりの時間を使って一歩一歩探求することだけが、私たちの第一義的な目的なのだから、彷徨はできるだけ簡潔に済ませようとするだろう。

ちなみに、人の生きることのできない分離・分割はここでも他の場所と同様に理性にかなわないし、巧妙に考量された分離が必要ということはなおさらない。だが、分離によって生ける垣根が唯一の囲いであることに注目することは、ここで有益といえる。なぜなら分離され、解剖されるのは生ある人間であって、切断される死体(11)ではないからである。それゆえ、頭が杭に固定され、脳が解剖されている模型によって殺された人間を見ようと望む人はメンタル・クリニックに行かねばならない。というのは、このように扱われるのは頭蓋骨、脳水、頭肉にすぎず、そのようなものを人間とみなす慣習はあるにはあるが、適切なものではないからである。我々は人間を分離しようとは思わない。というのも神が一緒にしておいたものを切り離そうとするのはけっして有益ではありえないからである。我々にはしばしばその筋道はみごとにすぎるけれども、人間はもちろん一体にされたのもとしてこのうえなく巧く正しく連関している。［むしろ］我々が行おうとするのは、人間の基本条件をまったく周知の性質にしたがって相互に区別することであり、それらの性質が太古の昔から都市と［地方の］教区とのあいだにあったような境界を探すことであり、そこで我々は、都市住民のあいだのコミュニティーの再編(12)の模索にかかわるきりのない口論に巻き込まれることがない。ちなみにそのコミュニティーは、私の知性をはるかに越えるだけでなく、精神的幾何学がこれまで到達した発展をも越え出るものである。なぜなら、すぐわかることだが、土地測量用の道具を用いて正確に計算することで十分ではなく、ここでとくに問題になるのは課税ないし評価で、それは表層をチェックするだけですっかり根拠づけられるにすぎないからである。

今、このことの結果を受けて注意深く仕事に取りかかるさい、我々がはっきり区別できるのは三つの大きな人間の条件、他で議論されるよりも数の少ない条件だけである。我々がいうところの条件とは、身体と精神、および我々自身である。それらがたんに相互に介入しあうだけでなく、相互に溶けあい、あるいは依存しあうこと、このことが人間の生を示すのであるが、それらの条件を分離することができるとしても、そのことが教えるのは［人間の］死なのである。

# 第三章　人間の身体的条件

### 〔身体と世界との結びつき〕

我々は身体からはじめるが、それは身体的条件がまったく自明だからというわけではない。ここでそうするのは、人間において身体的条件が身体そのものと同様にかなり不分明なものだからである[1]。人間、それは最終的には解明されるものであるが、しかし、我々は最初のものであり、しごくよく見知られているものである身体から、精神がそれを通じて働く器官として、精神がそこにおいて啓示される像としての身体からはじめねばならない。私にはまったく欠けているが、我々の時代のすべての物理学・数学的知見に精通した精神でさえ、身体の解明にあたって［その課題を］躊躇しながら引き受けている。というのは、［死体解剖のような］解体・分離が解明でないことはすぐに察せされるからである。でなければ、死が人間の最高の勝利となるだろうし、そのさい死は人間の零落とは見られないし、じっさいに人間の身体的破壊ではなくなってしまう。だが、人間の身体的破壊によって身体は光のなかに溶け込まずに空気のなかに消え、身体諸要素のなかへと沈み込むのであり、それらの要素は明らかに人間の目標である全体、分かたれない一全体になることがないのである。

それゆえ我々は、身体的条件を語るさいに必然的に生ある自己意識的身体を考えていて、死体として、自分自身のものと呼ばれうる関係をもたない魂に欠けるものを念頭に置いていない(2)。精神を欠いた生ける意識的身体、つまり超感覚的な観念を欠いた身体の概念を、我々は動物としての我々において考察した。しかし、この視点でいちばん難しいのはまさしく感覚的人間と動物とのあいだの相違を規定することである。というのは、そこにまったく本質的な相違があることを我々は推論できるし、その相違を我々の眼で探すこともできるからである。だがしかし、感覚的なだけの人間は人類という種族のなかにはいないのだから、あるいはそうした人間がいたかどうかほとんどわからないのだから、我々がどの程度、我々自身において感覚的人間を精神的人間から区別しうるかがここでも問題になる。だがそうした区別は、我々が身体を把握して理解しないかぎりごく不完全なかたちのものでしかない。つまり身体とつながりのある精神が直接的にこの身体にどう働きかけたのか、それが解けないかぎり、〔感覚的人間と精神的人間を〕我々はまったく不完全なかたちでしか区別できない。せいぜいのところ我々は精神と関係しているような感覚的人間を熟知できるだけである。というのも、人間はそうした人間としてのみ我々の意識のなかに入り込んでおり、我々の経験の対象となっているからである。この観点で我々の自己知はまったく不完全にちがいないのだが、しかし、我々のもちうる知見は無意味でも不確実でもない。なぜなら、我々を感覚的事物と結びつけるものすべてが感覚的人間の性質であることは疑いないからであり、我々の身体についての自己知は、我々の外的世界と、その世界にたいする我々の関係とを熟知したものにする歩みの進展とともに、拡大できるし、拡大すべきだからである。

この立場から我々は、死体の腑分けには熟知しても、「そのさいに」生ある身体を学び知ることがないということ、このことは簡単に見抜けるだろう。それでもなお、諸々の観察はそれらを正しく用いることを知る生ける人間のもとでは、死体の解剖によるものであっても我々が論じるであろう知見の一部に貢献することはできる。というのも、それらの観察は、我々の身体の要素的結合を照らし出し、身体がじっさいに現世的な不思議となる構成諸部分、世界全体に働いているものを受け取る器官の合成体となる構成諸部分の内実を示すからである。したがって、身体は眼には見えないが万象を貫徹して働く力、すなわち精神にとって個別的なものとして感覚的に定在することはできない(3)。光から地まで、水と空気から石までの感覚的なものすべてと精神との結びつき、この結びつきは人間が小世界（ミクロコスモス）と呼ばれてきた理由である。それはむしろ統合され（有機化され）た世界あるいは統一された世界というべきかもしれないが、「ともあれ」その結びつきは、人間が小世界と呼ばれてきた理由である。ちなみに、錬金術や占星術なども、この種の結びつきに基づいているから、ひどく非合理でばかばかしいとばかりはいえないともコメントできる(4)。もっとも、これら「錬金術など」の試みはもちろん精神の誤用であり、その結びつきそれ自体は感覚的人間を眼に見える仕方で動物から区別し際立たせることはまったくないであろう。すなわちこの区別ができるには「感覚的人間と動物とが」比較という光のなかに置かれねばならなかったのだが、「錬金術や占星術星等には」そうした比較を企図する方法がすっかり欠落していたのである。

**〔感覚活動の統一としての手〕**

これにたいして、動物の生ける身体と我々のそれとを比較するとき、我々の注目する差異はいっそう明瞭であり重要である。私はここで、被造物の内側および外側が精神の器官としての我々〔人間〕の身体に与える優位性について語るつもりはない。一方で、そうするには私はとくに内側の構造についてごくわずかしか知識をもっていないし、他方で身体は本来的にそこに、つまり内側の構造に属するものではないからである。むしろ私は、諸々の動物に分有されているものが人間においては統一され〔所持され〕ていることに注目したい。つまり〔人間における〕統一に端を発する主な長所に、自己自身にかんする表象や概念にたどり着く身体の能力に注目したい。我々がまずこのように感覚活動を考察するとき、両の手がすぐに我々の注意を引くにちがいない。手はある種の〔身体と精神の相互の〕独立性の境界にあって、ある仕方では身体とは違っていて、ある距離において事物が感覚されるよう促すことができ、身体全体を感覚することのできる感覚器官であるだけでなく、もっとも発達した感覚のための器官、それなくして感覚活動が完成されず、十分な確実性や一定の表象がえられない感覚の器官である。というのも、触れることによる不分明な触覚感情とともにはじまる感覚活動は手においてもっとも明瞭で、もっともはっきりした触覚感情、活動的になった触覚感情、感触で終結する。他の感覚すべてが外的事物を特徴づけるように見えるが、そこには現実・活動的なものはなく、むしろ手で把握されたものこそ、身体そのものと同様に現実・活動的に現存するのである。

なるほど私は、多くの動物の前足に宿るこの触覚感情がどの程度深いものなのかをあえて決めてかからない。しかし、そうした比較が［人間の］手の触覚感情を語らないのは疑いのないところである。そのことは、この触覚感情が明らかに弁別標識を備え、いわば動物に欠けている固有の意識の条件、我々が感覚的人間にのみ属するとしなければならない固有の意識の条件の表出と我々が考えれば、しだいに明らかになるだろう。

## ［自然界の連関］

たしかに、いったいどの範囲まで生のないものから生あるものへの移行を追跡でき、生あるものから魂を授かったものへの移行を追跡でき、動物の連なりを通じて人間への移行を跡づけできるのかわからないが、しかし、あらゆる事物の生への関係を追吟味し、そのことにしたがって事物を順序づけはじめるなら、そのときにはじめて学問的分類について、すなわち自然史における体系について語れることは私にはわかっている。というのも、何か他のものに依拠した諸々の分類はたしかにたいへん有用でありうるし、しばしば正しいことがありうるけれども、それらはしばしば、まばゆさに混乱し、ひとつの体系へと編成されるなら滑稽なものになるからである。［ともあれ、ここでは］空間に位置するすべての身体が共通に保持する性質すべてを注意深く規定しはじめねばならなかったし、それらの現世的な最高原因を発見するよう探求しなければならなかった。というのも、このことができれば、同一の性質が石の根底にも横たわることが、徐々にではあれきっと見つけられるだろうからである。その根底が植物に表現され、動物を内から突き動かすのである(5)。私は、物理学や数学、自然史にまったく無知なせいで、時間の終局においてはじめて理解でき、完全に答えられる疑問に返答しようという気にはならない。だが、問うことは私に許されるにちがいない。なぜなら、ここには探究することはできないが、［問うことは］容易に正当化できる諸事例のひとつがあるからである。

それゆえ私は、目標、連関、延長が地上にある物体の各々において考えられ、思考のなかで区別されるべき性質ではないのか、それらの性質が表象においては分離できないとしても、思考においては区別されるべきではないのかと問うにすぎない。さらに私は、最終のものの性質は中間のものを通じて、事物の目標を含み、それを形姿として示す最初の性質の像として生み出されると正当にいうことができないのか、生のない事物がそれ自体においてもつと我々がいいうる唯一の性質は、その形姿ではないのかと問う。というのも、形姿以外の他の性質はそれらを議論するさいに現れるにすぎないように思えるからである。これにたいして、植物にはそれ自体において形姿を生み出しうる活動的なものがある。植物には成長によって示される能力のように、そこでの重さによって示されるものがある。そうだ、植物は触れられることがなくても、香りにおいて現実・活動態であることの予感を与えることさえできるのである。

最後に私は、植物の成長と香りが本能的だとしても、ある種の感覚活動を前提しないのかどうか、香りは本能的でもあるが、同時に現実・活動的な、ひとつの生の表現でないのかどうかを問いたい。［とはいえ］これらの疑問にたいして何が［答えとして］いわれようが、基本的に私は無関心である。なぜなら、それらの問いはたいていより深い省察へのヒントとして立てられるのであって、次に述べる動物と人間についての話題の準備にすぎず、その話題を証明するものではないからである。だがしかし、私は自分で立てた問いを考量して、それらの問いが避けられないと見たので、このことについて何もいわず沈黙し続けるというわけにはいかなかったのである。

## ［動物から人間への移行］

ところで我々が動物界を考察するさい、それはポリュプ[6]よりも花において［植物界からの］正しい移行が探られるであろうが、その動物界を考察するなら、ここにももちろん、私の通観あるいは概観に余り、それをはるかに越え出るものがある。しかし、諸々の石や植物の形姿がそれら自身では獲得できない一つの働きや活動の諸々の像であるにすぎないのにたいして、動物の形姿が動物それ自身による像であると私は見ることができる。要するに、動物は魂を宿す身体で、自ら感じ、運動することができ、自身を他のすべてのものから切り離すよう放免されており、そうせざるをえないと見ることができる。我々が動物の意識性の度合いを規定できるなら、我々は一連の動物を学問的に区分できるだろうし、さらに感覚的人間がどの程度まで動物に属するか決定できるだろう。たしかにそこまで到達するのは困難ではあるのだが、不可能ではない。というのも、意識は感覚の表現や生表現の全体のなかに必然的に現れるのだが、そうした表現全体は意識の忠実な像をなしているにちがいないからである。そのような［感覚や生表現全体の］システムは「一日なるローマ」に比べれば、一日にごくわずかしか構築されないことは当然の帰結である。

しかし、そのようなシステムは徐々に構築されねばならないし、そのことにかんして我々は、［第一に］このシステムがどのように感覚的活動と関係づけられるかを、［第二に］最高潮の感覚的な生表現の全体を、さらに［第三に］どういう順序でこの発達が行われるかを発見できるにすぎない。我々は感覚的生が人間において最高点にあること、このことを発見できる。というのも、母親の生命に育まれた胎児についてさえ徐々に獲得される情報があれば、それは植物界を解明することに役立つはずだが、そうした情報を問題としないとしても、子どもが誕生してから［自我への関心が芽生えて］、鏡で自己自身と知り合い、私が自分自身にたいして話すところまで注意深く観察すれば、それは感覚がどのように発達するのか、その仕方を我々に教えてくれるにちがいない。

ここで我々にわかるのは、［生を欠く］大地を知るようになるのは植物によってであり、さらに植物を知るようになるのは動物によってであり、動物を知るようになるのは人間からだということである(7)。いったい、これまで学問は一般的にいってなんと不手際な仕方で営まれてきたことであろうか。というのも、より大きなものをより小さなもののなかに把握し、より高次なものを低次なものから、生あるものを生命のないものから、理性的なものを［理性を欠いた］物いわぬものから説明しようとしたからである。我々にわかるのは、感覚的世界においてすでに、万物が我々を我々自身へと立ち帰らせるよう促すことである。

［感覚的世界としての］自然は我々の疑問をそっけなくすべて拒否していう。「君自身に問いたまえ、君の知性がまさっているなら、君の知性でもある私の執事に聞いてくれ[8]」。周知のように、私は最終的なものをあらゆるあり方において最善のものとみなしている。たしかに我々は、自己自身についての正しい情報を知るかどうかについて、したがうべき助言を必要としている。そうだ、かりに我々の祖先が真理を問わず、その答えに依拠していなかったとすれば、我々はたしかに哲学・学芸について語ることは慎まねばならなかっただろう。だが我々には哲学・学芸が、あらゆる真理を含んでいるにもかかわらず、真理のことばが啓示的で明瞭なメッセージを与えるさいに唯一必要なものにすぎないこともわかっている。このことの帰結であるが、聖書において救いの問題以外のことは我々には不分明なままであるにすぎない[9]。すなわち、救い以外のことがらが何を意味するのか［哲学・学芸において］我々自身の内でわかってはじめて、我々の人知において真理が可視的になるのであるが、それまでは聖書では救いの問題以外のすべてのことがらは不分明なままなのである。

**［身体感覚と理性の順序］**

ところで、私が以下の［感覚の順序にかかわる］ことを理解していると人々に想像させることは私の意図とはまったく異なるし、ましてや私が［人間の］子どもに現れる創造の化身、きわめて注目に価する化身をごく注意深い仕方で観察したとかいったこともまったく想定外である。私は個々の一般的コメントを証明できるわけではなく、たんに示唆できるだけである。［とはいえ、］思うに、聴覚、が子どもに開かれる最初の感覚であることは疑いがない。動物界を一瞥すれば、自然においては聴覚とともに固有の感覚がはじまるのはたしかなように思えるが、しかしそのゆえに私は、感覚が次の順で発達するとあえて明言したいし、そのことは理にかなっていると思える。つまり、一般的感情あるいはより正しくは一般的感覚、聴覚、嗅覚、視覚、そして触覚（手の触感）、味覚の順に発達することは理にかなっていると思える。

しかしながら、鼻が眼のあいだに無意味に置かれているのではないこと、手と口がともに連携していること、少女の手に口づけする男の誰もがそのことを知っているのだが、それ以上の意味を伴って、手と口がともに連携していること、［これらのことを］換言していえば、嗅覚は視覚にたいして奇妙な服従関係にあり、それは空気の光にたいする関係とほとんど同様であること、そして手において発達する触覚は唇において役割を演じており、舌で解明しようとすること、これらのことはまったくたしかである。こうしてたいてい子どもは見つめたり、愛撫したりしたものを口のなかに入れようとするのだが、それは舌に最も洗練された触覚が伴うことの深い理由であり、あらゆる感覚の対象が、感覚されるものと感覚そのものとの一体化であること、こうしたことはいつも考慮されているわけではない。これらのことはまったく一般的なコメントであるが、この一体化はそれが可能であるところでなされる。とくに嗅覚と味覚を介してなされる。それゆえ、我々はそれらの感覚によって見知ったもの以上に享受する。これにたいして聴覚、視覚、触覚は本来の知的感覚、知覚であり、なかでも触覚は、それが少なくとも楽しむようにふるまうことで際立っており、視覚がともなうという条件があれば最良に物をとらえて知る。だから、まったく比類のないことだが、手によって楽しみ享受するのは少女と泥棒だけだといえるだろう。我々がここから学ぶことができるのは、事物に魅せられ用いられる手はたしかな感覚のために欠くことのできない扉であること、楽しむためだけでなく知識を得るという点でも、手のなかにいる一羽の鳥は空を翔ける十羽の鳥よりも有益であること、換言すれば、我々自身の身体のように、手に取り、触って感じることができるものとはまさにそうしたものであるが、そのことを我々は見たり聞いたりするすべてのものについていうことはできないのである。

さらに、我々の身体全体を感覚し、身体を［死せる対象的な］諸々の影から区別する性質である連関を我々は確信できるが、それはまずもって手探りによる。したがって我々が自分自身の概念把握をそこに依存させているのが触覚としての感覚であること、そして知性が、［対象として］疎遠になった身体としての我々自身の「影」を恐れないことを主張しなければならない。このことは外見上考えられるよりもおそらく重要である。というのも、この明瞭な概念把握はまさに理性的自己意識であり、それなくしてあらゆる自己省察が不可能であり、諸事物の相互関係、および我々との関係での明瞭な諸事物の概念把握の全体が不可能だったのである。ここで我々は人間が動物に優位する地点に立っており、それゆえに、我々はあらゆる動物は身体的自己意識にまったく欠けるとあえて主張することはない。我々がいえるのはただ、動物にも身体的自己意識があるということだけだが、人間は自らの身体全体を感覚し［対象的な］自らの「影」を知ることのできる者のもとにいなければならない。あえてつけくわえれば、その者は自然の順序を混乱させようとしたのであり、そのことで自己自身を混乱させ、自己自身の考察において自らの自然な長所をえたのではなく、むしろ喪失した者でなければならない。こうして、聖書の教えにしたがって私が考えるのだが、この者は人間の本性上の敵である蛇にあたる。当の書物はこの蛇を野にある動物のなかで最も小賢しく抜け目のない動物と呼び、疑いなくその全身を感覚できるのだが、しかし、蛇はおそらくそのことができるように、自らの位置を移動させ混乱させせねばならなかっただろう。

**〔動物と人間との相違〕**

だがこのことについての考察は控え、次の否定しがたい意見に移りたい。すなわち、人間において手の役割を果たす触覚の器官が動物にはないこと、しかし、疑いなく象の鼻は手と口をひとつにしたものとして、動物界において人間の手の役割に最も似たものであること、したがって、象が最も賢く、最も自己意識的な動物の仲間であることについて疑いの余地はありない(10)。しかし、象が自己自身について考えることは、「一定年齢の子ども」がそうするのと同じではありえない。そのような動物はたしかに精神について考えることができず、いわば自分自身の牢獄に囚われているのだ。多くの点で明らかになっていることが全般的に確認されるのももちろんである。つまり、ある種の動物においてひとつの感覚が強力であればあるだけ、他の感覚は弱く、それはちょうど私たちが知るように子どもがいちどきに二つ以上の感覚を用いるようになるまで長い時間を要するのと同様である。いかなる動物も五感すべてを人間と同じようには備えていないこと[11]、あるいは三つの知的感覚さえ[12]人間と同じように備えていないことはたしかであって、それゆえに、動物が完全に経験するかどうか、明白な概念を獲得するかどうかはたしかではない。ここでは諸々の動物について、動物の経験や記憶といったものについて、一般的知識を用いていっそう多くのことが語れるだろうが、しかし、我々は今、人間について論評する課題を自らに課さねばならない。つまり、要素論的に見て、あるいは構成部分の観点からして、自然被造物としての人間のなかに新しいものはなく、まさしく動物たちと共有するものとして全体の統一があるにすぎないこと、そして身体の自己意識を経験の道において生み出し、人間知性を成長させるものはこの全体の統一においてであり、そのことによって可能となる完全な感覚においてであること、こうしたことを論評する課題を、自らに課さねばならない。

ここで、物質が思考できるかどうか、魂が身体組織やその他のものから派生するかどうか、哲学書の読者は問うだろうと私はあえていいたい。しかし、私は、魂がそれ自体で主役であったことを証明するために、理解せずに語ったおしゃべりで混乱を起こさないようにしたい。ちなみに、物質とは生を欠いた状態の事物に他ならず、生が死からは生れず、光が闇から、真理が虚偽から、万物が無から生じないように、生を欠いたものはすべて死せるものであり、あらゆる創造がひとつの生命付与、つまり生気づけである。もし生を欠いたものが生気づけられれば、それは考えることができるし、考えるようになる。なぜなら、思考とは生の感情の発達に他ならず、身体が思考によってそれ自身を理解できるなら、身体はそれ自身を意識し、理性的魂、思考する魂をもつからである。身体組織はたしかに理性を生み出しはしないが、身体組織は生の器官であり、もちろん生と同一の条件において発達する。それは生に仕えることで、その最高点において理性に覚醒する[13]。その最高点において、感覚活動は身体組織を通して他の諸々の像のあいだにその魂を表象する、つまり、身体組織が自己のものと認識し所持するにちがいない一つの像を表象する。そしてさらに身体組織はそれ固有の目的として、その諸々の表象や感触の尺度としての手をもっているのであり、その手において身体組織はその内容に含まれうるすべてのものが何であるかを理解し、比較考量することができる。身体組織そのものは、それによる感覚的なものの全体、その総括概念を把握し考量できるのであり、身体組織は当の身体との関係で感覚的なもの全体を概念把握でき、身体をもって感覚的なもの全体を考量できる。このようにして人間は自らの身体についての基礎経験を通じて矛盾律に[14]、すなわち諸々の概念把握の根本法則にいたるのである。その法則の適用において、我々が見てきたように人間の知性は発達し、人間の概念把握［の圏域］が拡大することになるのである。

**［近代的自己意識の達成と限界］**

こうして、どこまで人間はたんに感覚的存在者でありうるのかという問題が提起される。この問題にうまく答えられないとしても、しかし人間は、我々がそれについて何を結論としなければならないのか熟考する努力を厭わない。感覚世界に結びついた人間自身が人間の最高度の表象であること、そしてまたそれ自身で人間の最高度の概念把握にならねばならないだろうことも明らかである。理性的に推論すれば、人間の手足や感覚器官にあって衰退する仕方での「発達」があったにちがいないが、そうしたなかで人間は、経験によって無自覚な仕方で漠然と示されたものを、自身のもとで統一的に認識できるようになっただろうし、人間が自己自身を解明できるという前提で、万物の解明がなされただろう。この解明を試みるさい、人間は自己自身を自覚的に感覚化するよう、すなわち自らの基本表象を感覚化するよう試みなければならなかっただろう。すべてのことが矛盾律の描写である数学のなかで起こっていたことを発見したとき、人間が見つけ出したであろうことは、自己意識の否定不可能性の上に立って解明の全体が繰り広げられることである。なぜなら、そのさいに自己意識の活動が確認されなければ、自己意識を否定することもできないからである[15]。自己意識のもとにとどまることができれば、人間は物理学や数学によってすべての世界の諸力を領有するよう努めるだろうし、物理学や数学によって万物を自分自身の身体へと変えるよう、換言すれば全体を飲み込むよう努めるだろう。だが、我々は人間がそこに立ち留まれないし、真理に逆らわずには、上記の戯れを証明できないこともわかるだろう。というのも、自己を肯定的自己意識においてとらえるこの戯れにおいて、人間は自己を現世的で依存的な時間および空間においてとらえるからである。人間は自己矛盾せずに、自立的と呼ぶことはできない。そのような［自己を自立的とする］矛盾は、それが動き出すことになれば人間自身を無化するにちがいないことが理解されただろうし、人間が自己自身に依らず、自分が知らなかったものに依存することが理解されただろう。だがそのことはある者によって知られねばならなかっただろう。なぜなら依存的自己意識は、［ある者としての］より高次の自己意識を前提するからであり、そこに根拠を置く、すなわち当の自己意識は理解したすべてのものと相携えて根拠を置くからである。したがって、より高次の自己意識はあらゆる時間的なものの根拠を意味するのであり、時間においてのみ何かがはじまることからすれば、［その根拠とは］永遠なのである。

しかし、いったいこうした問題の全体は空しくないだろうか。感覚人間は感覚的表象に制約された自己意識をもつ瞬時の者と見なすことができるのだろうか。問題が［創造の］端緒にかかわるさい、そうしたものではないと私は思う。というのは、［もしそんな風なら］一面で創造者は［人間の］理性的、自覚的創造のために隠れるさい[16]、己を否定しなければならなかっただろうが、しかし、真理は否定できないものであり、他面で、人間は真理を欠いては、したがってより高次のものに依存せずには自分自身を意識するようになりえなかっただろうからである。人間の最高度に明瞭な表象、つまり人間身体の表象に、人間の創造者の不分明な表象が添えられねばならなかった。この不分明な表象によって人間は超感覚的な生を吹き込まれ、自らの創造者になじみ、創造者の像それ自体を知りたいと熱望したにちがいない。そのことは次のように記されることである。すなわち、神である創造主は人間を大地の塵から創造し、生の精神を人間の鼻に吹き込み、人間は生ある魂になった。人間は精神において、真理という創造的精神において自己を意識するようになった。精神は塵の上に浮かんでいて、光において万物を生気づけたが、今度は人間の光そのものを生気づけた。それは真理を証明し、万物を創造者において解明するためなのである。

# 第四章　人間の精神的条件

**［精神の複合的なあり方］**

たしかにありえることだが、少なくない人々が感覚的人間についてかなり詳細な説明を期待するだろう。だが、精神それ自体を感じ、精神がじっさいには人間の概念に属すると感じる人々はみな私と同様で、人間を自己意識的だが扱いやすい身体器官とみなすことに居心地の悪さを感じ取るだろう。身体器官は精神の器官であり精神の住処として創造された当のものなのであるが、その精神を欠き、そうした［身体の］宮殿のなかで覚醒した塵としてあることに居心地の悪さを感じ取るだろう(1)。人間はそうしたものではありえない。むしろ神の精神が［身体的な］生の樹木からそよぎ出ること、その精神が我々の表象すべてに偉大な勝利を注ぎ込み刻印することを知り、そのさい諸表象が永遠の真理の力と栄光を刻んだ像あるいはシンボルに変身することを知るだろう。精神が人間の概念に属すると感じる人々はこうしたことを知り、そこにあえて［かたちだけの］天の香りを吹き込もうとはしない、あたかも塵の像が、それを焼きなましで解明しようとする光線のもとで粉々にされるのを恐れるかのように、あえて天の香りを吹き込もうとはしないのである(2)。

だからけっきょく、人間はその生をたんに感覚的存在としてはじめることができない。むしろ人

間の最初の精神の息が真理の精神の受容でなければならないことを単独に証明できてはじめて、もは

やためらうことなく人間をその真の形姿において考察できる、すなわち精神を本質実在とみなし、もは

体を精神の像的シンボルとみなし、魂を、精神と身体との両者の真理における意識的結合とみなせる

のである。

やはり、我々はあらゆる仕方で精神に関与せざるをえなかったのである。というのも、我々はことばや言語表現を二つの林のあいだの生ける垣根と解し、その垣根が二つの林を一つに連ねるからである(3)。人間が精神抜きで何がしかの言語を獲得できたかどうか、もちろん大問題である。しかし、私はその問いに答えることがまったくできないので、ただそうした［精神抜きの］言語がどのようにあらねばならなかったかを問うだけにしよう。なるほどこのことについて我々が自由に語れることは多くはないが、しかし軽視すべきことがらではない。というのは、我々が確信をもっていえることだが、そうした言語はまったく詩情・詩作的ではなく、その根拠が事物の形姿と外的記号にあったにちがいないからである。その言語は人間が経験から事物をいっそう近しく学び知り、その応用について判断したがゆえに、予想されるように、たえず変化したにちがいない。なぜといって、人間は経験から諸事物を学び知ったときに、それらを人間との関係にしたがって名づけるであろうことは疑いえないからである。

**［歌謡と詩情］**

とはいえ、鳥たちだって歌えるのだから、感覚人間が歌えただろうことは疑いない。ことばを歌にすることが感覚人間の希望であるが、しかし私は、それがどの程度成功しているかふれずじまいになるだろう。だが、次のことだけはわかる。つまり、理性的な感覚人間はまさしく自分の歌が下手でみすぼらしいことを感じ、事物の感覚的性質を表現したことばが、人間の頭上に高く飛ぶ鳥たちとともにスウィングする妙なる調べを表現したことばではないことを感じたであろうことは理解できる。そして私は、上空には地上の万物よりも栄えあるもの、歌謡の里であり歌謡が理解される国よりも栄えあるものがあると証言できる。そうだ、次のことをいわねばならない。歌謡は不分明なのだが、歌謡なしには創造者の生のこだまは、すなわち被造物を貫き響く神性のことばのこだまは、青銅や石に［刻まれて］囚人のように捕われてしまっている。しかし、そのこだまは鳥や人間の胸のなかにある生けるものを感動させ、人間にあって精神を鼓舞したにちがいない[4]。その力強い働きによって、精神の解明のためのことばは塵のなかに生まれることができたのである。

だが、これらのことがらがそれだけで単独に語られるべきかどうかの考察は必要であり、我々がここで人間の精神的条件とは何のことをいうのかの考察も必要である。すなわち、周知のように根本において人間の意識は精神に由来する、つまり人間のきずなであるサムフンズに、精神における永遠の生ける真理をともなう人間のサムフンズに由来する[5]。換言すれば、それは人間の根源的良心であり、その必然的な帰結として、人間は自己自身と万物とを精神において、真理の光においてとらえ、自己自身を神像においてとらえ、そして万物を神の作品とみなしたのである。ここに我々は詩情の起源を見る。というのは、詩情、詩的霊感はその真の姿からすれば、諸事物の［シンボル的］像を、創造という精神的な関係、創造という真理との関係で考察することに他ならない。ところで、この考察がどこまで自生的にことばや話法を成長させることができるのか、私はそのことに想いを馳せるが、それを知らない。しかし、その考察は話法に刻まれねばならないこと、したがって、その語りは［シンボル的］像言語で響きのなかにあり(6)、したがってその口調が歌謡になること、このことはたしかである。というのも、そのことは詩の連が精神を吹き込まれた詩人の話法として流れ出るたびに証明されるからである。

**［精神理解のエレメントとしての歴史］**

ところで、人間が自らの視座やことば、話法について問うとすれば、そのさいには、身体がいったい精神を理解するのかどうかが問われるのであり、その答えは、身体が精神を理解すべきかどうかを問うのと同様で疑問の余地はない。つまり問いの前者は不可能であり、後者は［そうすべきことが］たしかだからである。ここに歴史的学問の純粋な概念が浮上する。というのは、身体は時間を通じてその精神をとらえるよう解明され、人間は徐々に自己自身を通観することで、その視座の真理性について確信をもつだろうからであり、身体の眼が永遠の晴れやかさを見、時間と空間とを越えて無限の光の海へと沈潜する手前まで、いつもかなり明快なことばと相当高次の思考活動によって彼の哲学・学芸を表現するだろうからである(7)。なぜこの展開が起こり、歴史的でなければならなかったのかを問うことは明らかに、なぜその展開が生起すべきだったのか、なぜそれが時間と世界への展開だったのかを問うことである。ちなみに、世界への展開というのは、世界がもつれ紛糾することを前提とする現世的、歴史的な展開、発展に他ならない。

たしかに今、どこにこの紛糾があるのか、解かれるべきものはいったいどんな結び目(8)、なのか、どんな困難なのかをいうのは難しいが、しかし一つの結び目があることは否定できない。いずれにせよ、それがどんな結び目だったのか、我々が注意を我々自身に向ければおおよその結論はえられるのである。

# 第五章　人間の自己自身にたいする関係

［人間的自立の仮象性］

我々がすでに見てきたように、人間の自己あるいは魂は、元来からして二重の条件からなる真理に結びつけられた人間の意識性である。すなわち、身体に表現される世俗的関係と精神が証明する神的関係との二重の条件からなる意識性であり、それらのうち、一方の条件は王的であり、他方は下僕的である[1]。両者が統一されて、［神の］代理人的条件となる。この統一を実現し、二重の条件を感謝しつつ取り入れ、徐々にそれを愛において把握し理解することは当然の憲法であり、その破棄は人間にとって必然的に栄誉の喪失である。だがしかし、人間がその憲法を破るよう誘惑される可能性は眼に見えている。というのも、人間はその王的条件で自己自身を享受でき、そのことで自己の下僕性を否定するよう誘惑され、こうして自立性獲得の努力に誘われているからである。［本来は］人間は世界における自らの明らかな自立性をたんに仮象とみなし、自らの現実を創造者との絆（サムフンズ）において探求し、創造者から分かたれた自己自身を無とみなさねばならないのであるが、しかし、人間はまた［創造者と］対立することができ、自らの自立性を現実的なものとし、自らの依存性を仮象と見る。というのも、人間は神像において創造され、神において自立性を主張する者の煌きを己にも見出すからである。

こうして人間は、この自立性を主張するとき嘘をいい、罪を犯し、堕落する。人間に授けられたものすべてが、たとえ罪を犯していなくても人間とともに堕落する。というのも、偽りの魂は人間をその意識において紛糾させ、身体において精神を責め苛み、精神の栄誉を簒奪するからである。今や真理が紛糾した結び目を断ち切り、身体を解きほぐし、精神を解放し、偽りの魂を無化しなければならない。無化とは、魂が死においてその無たることを感じるようにすること、無を保持し空虚になった意識として感じさせること、人間自身のものであることのない、自己自身を呪う悪しき意志として感じさせることである。このことは結果として起こるが、しかし、どのように展開するのか、どこでそうした魂が救われ、充足をえるのか、それはわからない。ただいえることは、不思議な仕方でそのことが起こるということだけである。というのも、人間自身の眼でそのことを見るのは不可能だからである。

**［堕落をめぐって］**

ところで、しばらくのあいだひどい軽薄さがもとで捨象されてきたか、あるいは些細なことと扱われてきた大きな問題が頭をもたげている。それは、人間が堕落しているかどうかという問いである。この問いに答えることは簡単にちがいないが、しかし、それが肯定されるなら、それについての省察は恐ろしいにちがいない。といって、今私は人間の堕落を証明するよう努めるべきなのだろうか。いや、そうではない。というのも、どの人間の子どもにたいしてすら、この［堕落という］ことが証明されず、伝説的な見方が通用しないとするなら、人間は堕落していないからであり、その［堕落していない］人間から脱落しているのは、人間もまた日々明瞭さに向かって変化しているのがわからないほど見る眼を失っている私や他の多くのいたずら小僧にすぎないからである。

　要するに［証明ではなく端的に］、死なない人間がいるなら、その人も堕落していない。生まれたときから自己自身を否定していて、ひとり自らの現実と喜びとを神に求めていた人間がいるなら、その人は堕落していない。そしてその人間が堕落していないとすれば、その人はけっして死ぬはずがないことを私は当人にあえて請合いたい。というのは、真理が構築するのは取り壊すためではないし、真理が結びつけるのは分解するためではない。真理においてあるものがその生を奪われないのは、真理そのものから生を奪うことができないのと同じことだからである。真理においてある人間は死をもってする犠牲のように、最高度に自己自身を断念できたのだが、しかしその人間自身は死に好かれることはないのである。

　そのようにすばらしい一人の人間［イエス・キリスト］が歴史上に見られるが、しかし、彼は、人間がまさしく堕落していて、彼によってのみ蘇ることができると主張した。私は彼が正しいと考えるし、そのことをけっして否定しない。私は彼のように歩み、彼のようにふるまい、しかも彼と同じことをいわないような別人に遭遇するまで、彼が正しいと考える。とはいえ、私はここで自分の信念を押し付けようとするつもりはない。不思議な蘇りを信じるより、希望もなく死ぬことをよしと見る人、その人の選択を羨むことはない。だが、その人が死を乗り越える力を証明できないなら、彼の堕落は証明されており、彼が自己自身によってあり、自己自身によって知り、何かをなすとすれば、彼は自らの堕落を証明するし、自分自身の恥をごまかす。このことは否定できない。

だがしかし、その堕落は我々にあっては、まだ大胆に否定されるところにまでいたっていないが、人間は堕落しており、自己自身から繰り返し堕落すること、そして繰り返し自己自身を立ち直らせることができ、しかしそれでも最後には人間が横たわることになる墓に落ちること、これら二重の自己矛盾によってやりくりされる。要するに、無は何がしかであり、かつ何がしかは無である。だから秀逸な人々[2]と議論することは有益ではない。というのも、自己矛盾を望む人は確信を得ることができないからであり、そうした人とは原理的に議論する必要がないのである（contra negantem principia non est disputandum）。

それゆえ、私が今することは、自分自身の経験から知るかぎりで現存する人間の条件を記述することであり、それらを私が本源的条件として前提したものと比較することである。歴史における人類の経験は、一八世紀と私とのあいだで判断されることになろう。

**［意志と良心の働き］**

我々は前に本源的［で不分明］なものとしての身体的条件から出発したが、しかし今、我々は最も明瞭なものとしての条件から出発する(3)。その条件が全体を明らかにするはずだと我々は見るだろう。私はたしかに、人間が精神を分有するかどうかを疑う人々が今日少なからずいることを知っているが、人間が魂をもつかどうかを疑う人々については言及しない。というのも、それは、魂と精神とが取り違えられているので簡単に間違いだとすぐにわかるからである。それゆえ、自らが自己自身を意識するのかしないのかと疑い出した者は、自らの疑いを一笑に付すか、それとも自己を省みるためにメンタルクリニックに入ることができるか、のどちらかにちがいない。

たしかに、ある人がいて、その人は自身では精神が存在することに気づかない場合に、私はその人にたいして精神が存在すると証明するのが至難の業にちがいないことも知っている。なぜなら、ある人が精神をもっているというのは、何かをもつ我々が自己意識であるにすぎないからである。しかし、意識をもつ各人にたいして、各人の最初の祖先が精神をもっていなければならなかった点、つまり各人が何ら［精神を］もたないなら、それは大きな欠陥である点を証明すること、こうしたことは私にできると考える。

しかしながら、ここでは不必要に長い証明を省き、私が精神において理解するもの、すなわち生き生きとし力感に溢れる活発な表象に言及することに限定しよう。そうした表象はそれ自体でも、その力においても、その働きにおいても感覚できないが、しかし、自己意識においてのみ経験される。

今私が主張するのはいうまでもなく、人間的意志がそのような精神的な働きだということである。意志が感覚できないことを誰もが認めるにちがいない。意志が力でも能力でもないことは、我々が力のない意志をもてることから学んでいる。意志が感覚的なものによって働きかけられないことは、とりわけ感覚的なものが、意識されるようになった最も弱い意志、無意識的な意志でさえ制御できないことから我々には明らかである。すなわち、情熱は、それが動物を支配するように我々を惹きつけることができるが、しかし、それは人間的ではなく、それゆえに情熱が動物を動かすような仕方で「人間の」正常なふるまいを引き起こさないこと、むしろ異常で、狂気のふるまいを引き起こすことを我々は認めねばならない。情熱をやり過ごして再び我々自身へと帰れば、我々は依然として超感覚的な力によってのみ変えることのできる、同一の意志を見つけ出すのである。

　ところでいつものことであるが、多くの人間たちはたいてい自分たちが何を望んでいるのか知らず、何がしかの意志を意識していないにもかかわらず、彼らがそのことを知らない場合が散見される。したがって、各人が経験できることであるが、とくに、上記のことがらが明らかになる要点がある。それはすなわち、人間が自己自身に「汝は虚偽を望むのか真理を望むのか、汝は汝自身に正直であるのか、それとも汝を偽っているのか」と問うときである。というのは、ここで問題は超感覚的表象を前提とする超感覚的概念、すなわち根本意志が語られていることである。根本意志は、その所産が諸々の感覚的表象や欲望にかかわり、しばしば表象や欲望を介して突出するのであるから、表象や欲望に起源を有する意志のように見えるのであるが、じつはそうしたあり方をしてはいない。この根本意志は各々の人間にたいして、彼が自覚的であるべきだし、自覚的でありうると感じさせる。さらに根本意志は人間を、［精神的な］力と一体的でありうる超感覚的なアクターとしての人間と感じさせるのであるが、しかし、たんにそれゆえにまた、この人間において、我々は当の根本意志を願望と呼ぶのである。

さらに、人間の自己意識において我々がまったく正当に良心と呼ぶようなものがあるが、それはあえていえば、意志の意識である。それはたんに根本意志を知るだけでなく、それ自身がどのようにあるべきかをも知る不思議なものである。たしかに、多くの人間たちについて、彼らには良心がないといわれる。だがしかし、我々がよく知るように、彼らは良心に注意を払わず、ある仕方で良心を彼らの自己意識から追放済みなので、とりわけフィヒテがみごとに証明していることだが、良心が他の者たちに何を要求するのか、たいていの良心のない悪党にもよくわかっているとコメントしてもうまくいかない。悪党には良心そのものが欠けているのだから、そうしたことは不可能だったのである(4)。

### ［精神の働きとしての良心と信仰］

さて、良心はこうして感覚できず、人間自身によっては変えらない働きだと考えてみよう。そうだ、むしろ［それが］力強くなるのを人間が拒むことのできない働きなのだと考えてみよう。そうすれば、我々には良心が精神的働きであることがすぐにわかる。我々にとって真理を意欲し行うべしとする良心の要求がたしかであるなら、それは明らかに真理の精神の働きであり、その働きは人間と真理とのあいだに絆（サムフンズ）が存在すべきこと、人間において生きている力強い真理の表象があるべきことを前提とする。その表象が、あらゆる人間的条件、状況に真理を刻印できる意志を働かせたのだ。だが、真理の精神が人間の意識のなかに存在することをその精神が証明するなら、その精神が存在するかしないかは人間の責任でなければならない。でなければ真理は虚偽だったのである。真理の精神が人間の意識のなかで証言するなら、それはまたそこに存在しなければならなかったし、良心が力強く証言するたびに存在し、そこで［真理の］友として存在しなければならなかった、つまり人間の真の自己意識は真理の敵ではありえないのだから、自己意識［である良心］は真理の友でなければならなかったのである。

それゆえ、人間の良心は、人間が身体と理性をもち、動物にたいする人間の長所を感じることで人間を咎める必要はけっしてないだろうが、しかし、たんに人間が身体と理性とを真理の所有物とみなさず、そのようなものとして用いないこと、人間が地上における真理の統括者たろうとせず、そのようにふるまわないことを良心は咎める、とはいわれるだろう。良心は我々の自己意識にあって、愛と精神の絆（サムフンズ）が存立し、あるいはそうした絆が取り結ばれていることの証明なのだが、前者の［身体と理性とを真理の所有物とし、動物にたいする長所を感じる］場合、それはよき良心であり、後者の［そうした真理をないがしろにする］場合、悪しき良心である。後者の場合、我々がなすべきことを意志しないか、我々が意欲することがなしえないかのどちらかで、［愛と精神の］絆がミスマッチに陥っている場合、我々はその絆を別の精神的絆、つまり虚偽の精神を纏った絆として取り結ぶことができたにすぎない。それは我々のなかの意志を真理の否定として働かせるようなきずなである。この場合、問題はたんに、その意志が無意識的で［何かに憑かれた］情熱であったか、それとも意識的つまり故意であったかである。意識的であるかぎり、その自然な帰結は、我々が虚偽の暴力を用いるのと同様であるにちがいない。だが前者の情熱による場合、我々は、故意が働くことを察知していないので、我々の罪を悔いることができるだろう。

こうしたことは、誰もが理解できるし、神の温かな慈愛心のすばらしさとキリスト者の信仰とを導くにちがいないが、ここでこの点を論じ尽くすことはしない。私はただ、［自然哲学者たちのように］自分が純粋な良心をもっており、真の精神をもっていて、堕落しておらず、［神の］温かな慈愛心を必要としないことをあえて証明しなければならない人、そうした人についてのみコメントする。というのも、真の精神をもたなければ、その人が嘘つきであることが露見するからであるが、彼はさらに、自らの意志によってあるいは意志に反して真理から離れるさいに、そして人間の精神的条件という事物の精神的条件の全体について真理を語るさいに、良心があることを証明しなければならない。というのも、その人が真理からの距離を毛筋ほども認めず、あるいは我々が証明できる精神的条件についてのことばを嘘だというならば、その人は嘘つきの境遇にあるちがいないからである。私は、イエスを措いてこれらの精神的諸条件の証明に携わった人を知らないし、その証明にさいしてイエスこそ合格したと考える。そうだ私はイエスのことばが真理であることを経験したのだが、しかし、別のことばを信じる者は、私には［その人が］その人自身の外套を纏って信じたと思えるのであり、その人が真理の精神と力によって自らの全能を証明できないなら、彼は精神的なことがらにおいて我々の教師だと思えないだけのことなのである。

さらに、意志と良心における関係のように一般的ではないが、しかし、それでもなおひとつの精神的条件がありうる。それはまったく確実で否定し去ることのできないもの、すなわち信仰という条件である。信仰が感覚に関与せず、感覚に起源を有するのでもないことはたしかに証明を要しない。したがって、信仰は精神の働きでなければならないが、しかし、議論されるべきことがらは信仰によって［真理と精神の］力が継起するのかしないのか、でなければならない(5)。なぜなら、信仰は少なくとも、意志と同様に、しばしば力がなくても座を占めるように思えるからである。しかしながら、信仰は、その精神的由来を力において証明できること、このことの証明を信仰は感覚的なものの敗北と新たな意志の創造によって行う。換言すれば、信仰が生けるものでありうることは歴史を見ればわかる。歴史はこのことの証明に事欠かないからである。今、力のある信仰もまた二種類でありえること、つまり真理による信仰か、虚偽による信仰すなわち迷信かでありえること、くわえて、真の信仰の特徴が信仰と良心との一致であり、生ける真の信仰の働きが神聖にして力強い意志であること、これらのことが自ずと帰結するのだが、ここではこれ以上展開しない。

### ［多様な民属の径路の意味、偶然とそれを知る者］

こうして、我々の精神的条件を否定不可能にするのが意志と良心であることがわかった。この条件が多くの人にとって疑わしく、大多数の人々にあって無力であることは、真理との自然な結びつきが失われていることを示すのに十分であるが、しかし、このことが起こったことにたいして更なる証明が必要であるとするのなら、我々はその証明を、その［精神的］条件が我々の能力や我々の状況に残した内的刻印からはっきりと見つけ出すだろう。だが、そのさい私は「我々」を強調したい。というのは、我々の歴史をもちつつ歴史的発展に参加することは、我々にだけ該当するからである。ここで我々は解きほぐし難く見える結び目、解決困難なアポリアに逢着する、すなわち人間の子孫における巨大な差異に逢着する。世代から世代へと動物的、感覚的生を継続しているように見える数多くの民属がおり、彼らにたいしては、信仰も思想も、詩情も言語も、芸術も哲学も影響力を及ぼしていないように見えるのだが、他方で、地球上のそれぞれの部分で人間的生はそれぞれの像、形姿のすべてを通してひとつの星として輝いている。つまり、地上に降り来たってはいるが、天上に眼差しを向け、自らの精神的な来し方の軌跡全体をぼんやり眺める星として輝いている。周知のように、万人が等しい素質をもって生まれたが、内面的にも外見からも様々な種族がいるのは偶然であったにすぎないと主張することで、人々はそのアポリアの結び目を切断しようとしてきた。しかし、そうした切断は文字通り、空振りの一撃であり、それによって何も解決されず、その一撃からは、手前味噌な賢人たちの、神と人間にかかわるすべてのことがらについての甚だしい無知以外に何も学ぶことができない、そのような把握だということを誰もが知っている。

　そうした疑わしい専断的裁定によるものとは違った答えは何なのか。その専断の言語を用いて、慢心した感覚的理性（6）は解答できない問題を避ける習慣があるが、その理性はそうした問題を斥けたのだから、自然における精神的なものすべてに答えられないし、それを射当てることができない。その精神的なものによってことがらが明らかであることを当の理性はわかっていないし、想像しもしない。誰も熟知していないもの、つまり偶然や自然に言及することはもちろん簡単である。だが、熟知しないいものの不思議さを解明することは、それほど生易しいことではないと思える。まさしく奇妙なことであるが、人は神や摂理をまったく信じなかったとき、自然や偶然を可能性のないもの、潜力のないものと考えたのであり、その考えを徹底するために、迷信の除去や啓蒙の推進を自慢し、おそらく理性をその思考活動の永遠の根本法則から自由にした。だが、そのようにして理性は真理と矛盾し、それ自身と矛盾する法則を保持した。その理性は同時に、［その理性の視点で］ましなものになるにしたがい、いっそう狂気を帯びるようになった。というのも、理性はそれだけ自由気ままにふるまったからである。

いうまでもなく、偶然は既知の原因の必然的結果として説明できないものにたいする我々の表現であり、狂気は、説明できず容易に見通せないとすることで、何がしかが解明されている状態である。しかし我々は、万事を知る者には偶然が存在しないことを認めねばならないだろう。なぜなら、そうでなければ、現実的原因のない結果がなければならないが、そのことは大いなる自己矛盾だからである（7）。

また今度は、万事を知る者は誰もいないとしてみよう。するとまたおそらく、基本的に偶然つまり未解明のものはないことになろう。しかしそうなると、誰も偶然を知らないのだから、万物は無から派生しなければならないだろうし、そのさい学芸は狂気に、すなわち学芸の欠陥あるいは否定に由来するだろう。そうなれば、人は自己矛盾せずには、そうした［万事を知る者がないとの］主張ができない。しかしながら、ある一者は万事を知り、現世的なものの永遠の根拠をもまた知ると認める必要がある。その者は現世的なものを彼自身でなければならないか、あるいは、現世的なものを生ける概念として、すなわち神において統一される永遠の真理として理解しなければならないからである(8)。

**［自然哲学者とその詩芸術］**

それゆえ、神に栄誉を与えようとしないなら、偶然は害虫のように繁殖するにちがいない。というのも、そうした場合、人はひとつの点の上ですべてのものを知るように荷を背負うか、あるいはそのかぎりそうなるのだが、現実の神のように荷を背負うか、それとも免許証をポケットに携帯しても ち歩き、ある［年齢の］誕生日になってそれが発効するのを待つかのいずれかであるにちがいないからである。要するに人は自然哲学者のようにふるまうにちがいない。ちなみに自然哲学者はたしかに、真理と対立状態にあり、その結果としてしだい消え去っていく不幸な偶然を保持していなかったとするなら、時間とともにある神々になることができただろう。前述のように、［自然哲学者として］ひとつの忌まわしい偶然をもつにすぎない秀逸な人々は、神的な学芸には偶然があってはならないこと、大地も天界も適切に示された機能を担っていなければ、その［偶然の］問題は明らかにされないことを洞察している。その機能とはつまり、諸々の運星や太陽エネルギー、天然資源、オシリスやイシス、オーディンやフリッガなど[9]、要するに諸々の小部分に分けられた自然諸力の全体であり、すべてありうる形姿をまとっている。それらの自然力は当初から諸々の民属をいたるところで多種多様に創造する。つまり自然力はそれらの民属のある者を通行人として、他の者を舞踊家集団として[10]、また他の者をソロの舞踊家、そして最後に一部の者を英雄や偉大なる世界のドラマの半神として創造するのである。もちろん、そのドラマは大いなる破局で終わり、そこで世界精神はアキレウスのように致命傷を負ったのであるが[11]、その致命傷にもかかわらず、真理の輝きをその後に手に入れた。世界精神は、オデッセウス[12]や彼の同伴者たちとともにあらゆる有限なものの形式を長く放浪し尽くした末に、最終的にペネロペイアに味方する機械仕掛けの神（Deus ex machina）として踊り出る[13]。ペネロペイアは、じっさい黄金の椅子に座って、オデッセウスの旅のあいだ織りものに専念した。彼女は外面的には冷たく貞淑だが、内面的には燃えるようで、まさしく寛容な［運命の女神］ノルンとして、すなわち、不貞の女性が抱く理想として織りものに専念した。そうした女性は一時をお高く費やしていてよいことを知るが、しかし、［不貞の］彼女の時になると、内なる快によって最愛の夫を、夫の敵たち、売春婦の腕に抱かれる死すべき者たちと同一化してしまうのだ。もちろん夫はその事態を寛容に見なければならない、それは調和のため、家の平和のためだからである。

以前これを劇的な詩芸術と私が呼んでいたことを人々はよく覚えている。私はいずれにしても、その詩芸術を悪魔が創造したという意見、私の率直で考え抜かれた意見を繰り返すつもりである[14]。しかしここで私は、何が神や真理、歴史から生じるかを、諸々のよき民属自身から借りた面白い寓話を通して示すだけだろう[15]。つまり、知性によって当該の民属の条件が地上や天界、偶然から解明されるさい、何が神と真理、歴史から生じるのかを示すだけだろう。換言しよう。私は太陽光線が空気を通して眼のなかに明瞭に輝き入るのだから、人が手でその空中をただよう精神をとらえようとするさいに、何が神と真理、歴史から生じるかを示すだけである。というのも、古代の異教徒のように、そのさいには世界と人間とを太陽と諸々の運星から解明する努力がなされ、天にます主［なる神］にではなく、天に居を置く大勢の者どもに仕えようと参上し、道化の真理を保持する努力が、つまり真理のために虚偽を保持する努力がなされるからである。

だが、本書での我々の意図は別のところにある。我々は、それらの民属において真理の軌道を見つけられるかどうか、そのさい我々がそれら民属を知らない場合でも、それらの民属がいることを疑わずに、我々が彼らにおいて真理の軌道を見つけられるかどうか、こうしたことを見るつもりである。そして、ごく動物的な民属の径路ときわめて精神的な民属の径路とのあいだには内的差異があるが、それと同じ内的差異が我々の言及しようとするごく精神的な民属の個々の仲間内にもあるとコメントするだけで、［自然哲学者の］地上と天界にかんするお喋りに反駁するだろう。そしてこのことで［彼らの］空中楼閣の全体を覆すのに、つまり人々が天［にます神］に対抗する自衛手段としての空中楼閣を覆すのに十分なはずだと私は思うだろう。だがしかし、じつはその反対で、磁石をもつ自然のダイナミクスに対抗するのにこの種のコメントは有益ではないのだ[16]。自然の力動性をつぼみのうちに、すなわち、稚拙な自己意識のうちに摘み取らねばならないというようなコメントは有益ではない。というのは、その力動性が生を失うことがありうるとすれば、その力動性はゲームに［一度は］勝利しているからであるが、しかし、そのことはすべてを物語っている。というのも、真理が永遠に持続するのだとすれば、勝利した者が自然の力動性を永遠に確保することはけっしてないからである。

## ［人類の一体性と差異、キリスト教のあり方をめぐって］

諸民属や諸個人のあいだには大きな差異があるのだが、私は基本的にその差異が何であるのかの探求に向けて諸民属が歩むだろうと思う。それはこれまでは解かれてはいないが、それゆえに解きえない謎ではない。私はあらゆる人類の仲間がひとつの血族としてこの地球上の住人であることをまったく疑わないが[17]、そのことと同時に結び目が、歴史を通してどこで解消されるかもわかっている。すなわち、それは祖先と子孫とを結びつける諸々の紐帯が解かれるところにある。というのも、それらの紐帯を見ることはできるが、私がそれらを解くことはできないし、かりに私にそれができたとしても、そうすることもないだろうからである。なぜなら、それらの結び目は人類［という種族］の敏感な部位であり、［結び目を解く］検査によって人類が生き残ることはほぼないのであり、当の人類がかなり老化していても、だからといって［死体のように］まだ死に絶えてしまったわけではないからである。

ここでは［一方で］意志と良心とに欠けた民属はいまだ存在しなかったこと、［他方で］その意志が純粋で力強い民属も存在しなかったこと、当の諸民属にたいして彼らが真理を愛好する絆（サムフンズ）を形成している事実を彼らの良心が証明したような、そのような民属は存在しなかったことをコメントすることでよしとしたい。このことは、それらの民属がすべて精神において興隆したが罪に落ちた人類に属することの十分な証明であり、同様のことは福音が告知されるあらゆる場で確認されるのである。救い主キリストの観点とともに、［キリストの］ことばが人類の一体性や連綿と続く連関を我々に証明するだけでなく、諸々の民属の径路が不分明な意志と鈍い良心の傍らにまどろめば精神的な生の軌道の全体を見失って、［人間的に］発達するという以上に動物的に育つ彼らの感覚的言語や感覚的概念によって［キリストの］ことばを受け入れるのに不都合があると私はコメントしさえする。唯一の再生の手段はこのことばである。こうして、このことばはいっそう精神的な民属の実在に溶け込んでいる。だがそれ以前［のまどろみの段階］では、そのことばをよく受け入れる好条件はありえない。このことを私は理解するし、理解できる。ちなみに、再生の手段としてよく働くことばなら、感覚的言語において説明され、感覚的概念によって把握されても、真理と力を欠くことがない。眼に見えて力強い歩みを進める時代は、我々がキリスト者であることを前提していたのである。

### ［意志と良心の意義］

だがしかし、私は蛇のように狡猾な人物を見かけるし、粗野な人々にも無気力な人々(18)にも自然の福音として感覚化されたキリスト教を意欲的に布教しようとする人々を知る(19)。それらの人々を誤って麗しい団体［の人々］とみなさないように、私の意見を次のように表明しておきたい。すなわち、精神に由来し、感覚的自己意識と区別なく統一されている意志と良心という二つの概念がまったく明瞭であるなら、我々はすべての真理を活動力としての意志と良心とに帰することができると表明しておきたい。意志と良心とは、しごく冷酷で愚かな異教徒さえ、彼らが改宗を望むなら、改宗させるように働くものである。感覚的キリスト教は、例のごとく自惚れているが、ごくわずかしか理解せず、まだ何も知らないに等しい。そうしたことが感覚的キリスト教の純粋に現実的な傾向の一部なのである。

さらに、意志や良心が自己意識と分離不可能であることはたいへん重要な問題で、私はこの問題にたいして、先の感覚的キリスト教よりもはっきりしたことがらを表明できるのだが、ここでそれをするつもりはない。とはいえ、私は、まさしく人間において直接的に明瞭な根本真理である感覚的自己意識が、動物を支配する不分明な根本意志を解明するものとみなされねばならないこと、この［不分明な］根本意志もまた、生ける真理のことばによって活動する根本力の一作用であることをここで注記しておきたい。

したがって、前者の［人間において明瞭な］根本真理はまた、元来は真理の意志である感覚的自立性（個人性）にたいする根本意志を意味しなければならないだろう。ここでいう真理の意思は必然的に、真理の精神が直接的に人間のなかで働くような意志とまったく内的に統一していなければならないだろうから、自己意識は、精神的にも身体的にも真理においてあるという義務をけっして忘れ去ることができないだろう。たしかに、根本意志において魂が反逆しないかぎり、真理の意志はまったく消え去ることはできないだろう。というのも、真理の意志が消え去るのは、虚偽の意志が自己意識を占拠する場合だけだし、そのさい当の人間は取り返しのつかないほど不誠実だからである。それゆえ、こうした［真理意志の］死という罪が犯されないかぎり、魂が意識的に真理を否定しないかぎり、虚偽の意志が人間を支配するとしても、最内奥において、真理においてある意志の軌道は依然として存在する。だからもちろん、義務の証明である良心はけっして消滅しない。それゆえ我々は各々の人間において、真理と意志、良心がつながりあっており、ひとつであるはずだとする感情を見つけるだろう。人間が根本においてその真理への意志をもち、我々にその意志がはっきりしているなら、我々はその人間にたいしてそれらの概念をまったく明瞭に示せるし、その上にキリスト教全体を建設することができるのである。

ちなみに、キリストと使徒たちの時代のように、予兆と不可思議な事実を洞察しなければならない民属集団が存在するかどうかは、その民属が覚醒してそれに傾聴可能になるまで私が［それについて］何もいわないことは許されるはずだし、近代の布教を、とくにエーゼの時代のグリーンランドへの布教を考慮すれば、それがいかなる観点からも理にかなわないと考えるべきだろう。すなわち、少なくとも、聖書を読むことも理解することもできない人々に聖書を送っても、あまり役立たないことは簡単にわかるのである[20]。

これは余談で、この話題を好まない読者は読みとばすことができるが、それはさておき、我々は精神の諸々の軌道に眼を向けよう。それらの軌道はある種の民属の径路とそのなかの諸個人によって見つけ出されるのだが、それらを我々はあらゆる観点から歴史的軌道と呼ばねばならない。それらの軌道は疑いなく、三つのことば、詩情、技芸、学問で表現できるのだが、それらは同時に、多くの人々に想像力、感情、知性といった人間的基本諸能力のなかに刻印され印象を与えている。だが、我々はまた、言語と生の状態、書物の存在を区別することができる。それらは［それぞれ詩情、技芸、学問］に対応しているが、それ以上にそれらすべてに、共通する形式や方法がある。諸々の考察の広い領野がここに開けているが、それは端的に、ざっと見渡して通り過ぎるにはあまりに広大すぎる現実であり、我々はもはやこれ以上、今この時に彷徨し続けることはできないし、読者にとってどうであれ、その彷徨は私の力をもうはるかに越え出ているものなのだ。だから私が、『レヴァナ』でのジャン・ポール[21]のように一休みしたいと願ってもよいだろう。そうだ、現代にあって嫌な風向きになっている詩情の固有な領域のところで息抜きの一章を置くことは二重に誘惑的なのだが、しかし、時計を見ればそれはかなわない。私はことがらを簡潔に見ることにしよう。ことがらとは、私がはじめに述べたもの［すなわち詩情、技芸、学問］になろうが、その作業が苦痛になったさいには、読者は私に、途中で一息入れることをお許しいただきたい。

**〔人間的生の受容性と精神の発達〕**

さて、かの精神的諸軌道は、刻印すなわち印象を前提すると私は述べた。人間はそれ自身に由来するのでも、それ自体において存在するのでもないのだから、すなわち人間は被造物なのだからこのことは当然である。というのも、そのさい人間の活動全体と人間による仕事の全体とが人間の構成部分の働きを前提とし、精神的活動と精神的作品との全体が身体や意識の働きを前提するからである。感覚的活動は感覚的印象を前提し、精神的活動は精神的印象を前提する。人間にあっては、それ自身に由来することも、それ自体においてあることもできない印象を受け取る利点が前提されるにすぎないが、その利点には印象を与えようとする者の先行存在が前提される。他のことばで当たり前にいえば、それ自身で何がしかの者であるには、それ自身が永遠から意識されなければならない。というのも、時間においてはじめてそれ自身が意識化されるのなら、その者はそれ自体で何がしかの者ではなく、永遠の自己意識がそれ自身から創造した像として何がしかの者であるにすぎないからである。このことは結果として、人間的根本活動が受動的であり、感受と呼ばれる刻印すなわち印象の受容を導く。そのような感受が感覚的生を開始し、先に述べたように、感覚を通じて一定に条件づけられた感情や感触へと展開するのであり、そこで身体に属するものがじっさいに、感受と統一されるのである。

精神的生も同様である。自己意識に一致する精神のこの基本感受は意志と良心とであり、それらは覚醒を促す聴覚に応答する。予感は息遣いすなわち嗅覚の基本活動に応答し、視覚と触覚は我々が感覚的と呼ぶものに応答する。概念は一定の意味範囲に応答し、味覚は味わいに、飲んだり食べたりすることの結合は身体全体のバランスに応答する。ここで人間の歴史的発達と解されるものの本質が我々にいっそう鮮明なる。人間の発達はじっさいに自己自身の意識へと魂が発達することであり、じっさいに身体が一歩一歩向上するように、感覚的なものの真理における漸次的解明へと、真理の像としての、感覚的なものの真の美としての解明へと魂が発達することである。我々はたしかに、なぜ人間以上のものが存在すべきなのか、感覚的に把握できないし、なぜ人間がひとりで人間になることができなかったのか理解できない[22]。だが、我々は愛において次のことを感じ、把握できる。すなわち、各個人に感覚的に生じる発達が一連の世代に精神的に自覚されるように進むとき、それらの世代は相互に内的に連関しあい、ひとりの人間を精神的につくりあげるということ、したがって、その端緒において人間の父がおり、その父にすべての世代の起源があり、最後に、ひとりの人間の子がおり、その子においてその父とともにあるすべての世代が説明されているということ、だがそのゆえに諸世代はそれ自体では説明されないが、真理において説明される。このようなことを感じ、理解することができるなら、人間は永遠の真理に、生ける真理に依拠して存在するからである。それとは違ったものによって存在するものは、それ自体では説明できないが、ただ人間は、それが依拠しているものにおいてのみ説明できるのである。

したがって、後続する世代がそれ自身の内に先行世代を精神的に摂取することができ、新しい世代を発達させることができるということでなければならないだろう。そのことは、人類がたとえば［聖書という］書物が記述するのと同じ意識で再生産されて移植されるのであれば、我々にはいっこうに奇妙ではないことを意味する。というのも、その人間が自らの長所全体を子どもに移植することを願うのは疑いえないし、そのこと自体が不可能でないことは我々には容易にわかるからである。だが当の［長所全体を移植するという］ことがらは、我々の知らないところで生じうるのであり、我々が知らず知らずのうちにそうなっていることを我々が把握していないだけなのである。

これにたいして、我々は、自らの現存在を否定することが狂気になることをよく理解できる。なぜなら、その現存在の端緒が概念把握されていないからである。そうだ、我々の現存在の端緒が把握できるなら、［楽園的状態のなかに］我々はまったくもって現存在していなければならなかっただろうし、それゆえに、我々はけっして生まれたのではなく、むしろ永遠に存在し、生存していなければならなかっただろうことは推察できる。同様に人間は自覚的に自らの自己意識を育てるため、自己意識を十分に理解しなければならなかっただろう。したがって［そのために］、人間はそれ自身が永遠の真理であらねばならないか、それとも真理において自己を明瞭に意識し、真理とまったく一体でなければならなかったであろう。しかしながら歴史における今において、我々の精神的発達という問題視座が肝心であり、同様に、我々の現存在において現存在という問題視座が肝心である。なぜなら、それらの［精神発達と現存在という］両方のことがらはともに否定できないからである。要点は、かの精神発達も自らの存在もともにたしかであるには、その問題が我々の自己意識内にセットされていなければならないということにすぎない。換言すれば、我々は自分たち自身を、我々の祖先すなわち過去の世代の子孫として精神的に意識しなければならないのだが、そのような精神的発達がなされなかったなら、我々が存在すると意識することも不可能であっただろうことは理解できるにちがいない。我々は自分たち自身を、我々の祖先すなわち過去の世代の子孫として精神的に意識しなければならないのである[23]。

だがしかし、我々が何らかの仕方で［この議論を］仕上げるべきだとしても、ここでもまた私は自制しなければならないし、これまでの論考で歴史的発展がいかに否定できないかを示す仕事にとりくんできたし、人はまた精神の国において、見ることができなくても精神に魅せられること、感情を介して明快な概念へと展開されうるものは視覚にすぎないことの明白な必然性を示す作業にとりくんできたのだから[24]、私は気がねなくここで［議論の仕上げを］自制することができる。ちなみに、そこにいう［感情から展開される］明快な概念がはじめて真の趣味を形成することができるし、その趣味がまた真理との結びつきを強いるのである。したがって、ここでさらに付言すべきであろうことは留保して、我々はできるだけ急いで明快に精神的観取、すなわち感情におけるその観取の印象と概念におけるその観取の発達とを、詩情、技芸、学問の基礎として考察しようと思う。

# 第六章　詩情、学問、歴史

## ［視覚、想像力、詩情］

眼は視覚の器官であり、観取の器官である。眼は、そこにおいて諸々の形姿が光によりある種の距離をもって描かれる鏡と見なされねばならないだろう。これら形姿の像を受け取る魂の能力を我々は視覚と呼ぶ。これにたいして、それらの像を取り集めて思い出す能力、他の感覚を通じてえた印象にしたがって［像を］相似のものに形成する能力を我々は想像力と呼ぶ。なぜなら感覚は受動的なものにたいする我々の表現であり、力は人間のなかに働くものの表現だからである。したがって、後者の力はつねに前者の感覚を前提する。感覚的想像力は我々に事物をそれらの感覚的形姿において指し示す、我々が知るかぎりで指し示す。だが、精神が感覚的想像力に印象を与えたとするなら、我々は事物を新しい光のもとで見る、すなわち事物を多かれ少なかれ明瞭かつ正確に、それらの精神的関係において見る。そこでこそ本来的に、その［想像の］能力ははじめて力の名に価する。というのは、我々は、明確に語るさいに、精神的に働くものを［技芸の］力と呼ぶが、これにたいして［たんに］

感覚的に働くものを［物理的な］強力と呼ぶからである(1)。とはいえ、我々はそれらの働きにはっきりした境界線を引くことはできないし、無理やりいい方を変えようとするのは有益でないので、現行の表現を維持する。つまり、我々の表象は我々に可能な範囲で感覚的なものと精神的なものとに区別されるだけなので、我々は、我々の表象を創造するものの全体を想像力と呼ぶことにしたい。

ところで、我々の最終的な感覚的表象、つまり真の感覚的表象が光と空気、音響であること、その［表象の］推移は感覚起源の諸表象の混合を通じて生じ、しかも精神的印象、精神的刻印とともに我々自身の内に生じるが、他方で、表象が像的形姿をもつにすぎないことで正体が知れる精神的印象は、対応する感覚的事物のイメージのもとに示されること、これらのことは容易に察せられる。こうして我々は、我々自身すなわち我々の魂を我々の身体の像、すなわちイメージのもとでしか表象できない。つまり我々の身体の根本像（理念）としての身体のイメージのもとでしか表象できないし、我々の感覚をそれらの器官からやってくる像、イメージのもとに表象できるにすぎず、生を空気のイメージのもとで、ことばを音響のイメージのもとで表象できるにすぎない。ここで我々は、［外から来る］神についてのイメージ的表象に執心することがなんと愚かなことであるかはっきりわかる。神についての表象は我々がもつことのできる唯一の表象であるのだが、そうだとしても、それらは我々の内面に深く横たわるものであるから、我々の最高の地点において、そして我々の最深の理解において、我々がまさしく神のイメージ的表象、つまり像的表象であり、神の詩情、神の精神的被造物である。したがって、神の表象を我々の内面に探し、我々自身のなかに生きいきとした神の像的表象を見ることは、まさしく我々の召命であり、義務である。このことの観取は、唯一真の人間的詩情なのである。

とはいえ、我々はこのことの詳論を固有の課題としては先延ばしにしたい。それでも、ここでは見通しをよくするために次の点を注記しておこう。すなわち、先にふれた表象の混合、すなわち感覚的像、表象のもとでの我々の最内奥の観取が詩情の基礎であり、それは像系列を形成するのだが、しかし、詩情そのものは精神の被造物としての感覚的事物の観取であることを注記しておきたい。すなわち詩情は永遠の真理の像として我々に固有な最内奥の観取であり、かつ永遠の真理の像としての我々自身の最内奥の観取であって、そこに感覚的なものの意味と解明とがある。［詩情は］身体と魂、精神の絆（サムフンズ）における観取であり、精神の作品としての存在の観取、精神的帰結において精神の事実として生起した存在の観取である。今、この観取もまた混乱しうるということ、そうだ、虚偽の精神が人間に足がかりをえるなら、この条件のもとで誤った詩情も真の詩情も同様にありうるということは明らかであり、魂が神や真理との穏やかな絆（サムフンズ）を保持していなければ、どんな詩情もまったくの真理ではありえないことは明らかである。この面からすると、歴史も日常経験もまた人間の否定しがたい堕落を確認するのである。

**［魂の自己感情としての良心］**

ところで、我々にとって両の手は［触覚的］感情の器官である。我々が眼を楽しませるものを見るとき、状況に応じて、その対象を我々と結合あるいは統一するために、我々はそれを手でつかむ。他の事物をつかむこの楽しみは、それがしばしば限定されているにせよ、つねにより近しい関係の快楽であるが、我々はこの喜びを、表象を伴うことばで傾向性と呼ぶ。したがって我々は、外面的には見落とされるとしても、内面的に自然に起こる運動を欲望と呼ぶ。傾向性と欲望の両方は感情の発現であり、そこに表現されるものは魂の［触覚的］感情、外的なものと魂の何がしかのものとのある種の連関に由来する魂の感情である。

こうして眼を通じてえた直接的表象についていえることは、想像力が他の印象にしたがって創造する間接的表象にもいえる。魂がそれによって楽しみ、そこから影響を受ける表象は、魂が心に宿し愛する表象、すなわち自己の内に刻んで自己と結びつける表象といわれる。しかしながら、我々には簡単にわかることだが、魂はその身体の表象に感覚的表象を結合できるだけである。魂が自己自身に結合できる最初の表象が、自己自身の表象である。そして愛はひとつの統一調和である精神的結合にたいする我々の表現である。

だから我々は本来、そのことばを感覚的事物への我々の傾向性にたいして用いてはならないのだが、しかし今日、こうした混同は［広くおこなわれており］取り除かれるようすはない(2)。絶対に忘れてならないのは、そのような場合の語用の矛盾はたんなる混乱にすぎないことである。魂における精神的感情の第一の軌道は、魂の自己感情なのだが、その感情を我々は魂の自己自身の表象にたいする愛と呼ぶことはできない。というのは、魂は自己自身についてたんに像的に表象するにすぎないので、魂のそれ自身への愛はたんに身体への愛になるにすぎないからである。だが、魂はじっさいには、その身体とは異なるものとしての自己自身にたいして感情をもつのであり、このことは、身体を犠牲にする憧憬のすべてが示している。したがって、魂の自己感情は、魂が意識している表象の全体よりも深いところになければならない。我々の最内奥のものについて表象を与えるものは、最内奥のものへの精神の刻印であり、そして今我々が自己を省みるならば、我々はまた、自己感情が必然的に精神的根本感情でなければならないことを見出すだろう。その感情は我々を人間にし、我々が諸々の感覚的像において精神的観念をとらえるようにし、それら感覚的像そのものを心、つまりハートにおいて我々と一体化し、愛するように仕向ける。それはより高次の秩序における我々の生の感受であり、永遠の生ける真理にたいする我々の関係の感受であるこの感情において、まさにそこにおいて意志と良心とはそれ自身の根底を有する。というのも、それら意志と良心の両者は本源的かつ根底的に、真の自己感情のなかに定住するにすぎないからであり、このことによって魂と精神における真理とのあいだに絆が生まれるのである。

**［真理への愛と祖先への愛］**

こうしたことから、我々の自己感情は、真理への愛、すなわち生ける永遠の真理という精神的表象と不可分に一体化していることになる。そうした真理こそが、魂をして自己自身を感じるよう活気づけ、魂を厳しいものにし、神の永遠の自己意識の像、すなわち真理の像にした当のものであった。

この真理への愛が魂の意志であり、父についての真理の表象(3)を生むはずであって、その表象が人間において啓示される、すなわち人間において人間自らの像を展開し解明することによって啓示される。こうして今この像が当の人間に伴っていないことを我々は知っているにすぎない。人間が自らの真の父を表象する像があるはずだということは、自然な感情にたいして究極の対象となっている。というのは、その像は我々の原型であり、祖先だからである。

しかしながら、原型あるいは祖先への愛が精神的感情であることから、我々はその感情が動物には見られないことを知る。そして諸々の民属にあっても、そうした祖先への愛が薄ければそれだけ、精神的感情の度合いも低いものになる。だが、祖先への愛が深いかどうか、このことは、その愛が祖先たちの死後も継続し、祖先の全体へと拡大されるかどうかによって示される。というのは、そこにおいてその愛はじっさいに精神的であり、祖先たちを通じて真の最初の祖先としての真理そのものにつながるからであり、したがってその愛は真理の記憶だからである。この感情と密接にかかわって自らの子どもへの愛もあるが、しかし、我々にはこの愛それ自身がより感覚的であり、自己感情といっそう不可分であることが簡単にわかる。この愛が精神的であるかどうか、婚姻の愛においてもっともよく示される(4)。その愛が精神的であるなら、婚姻した人々は自分たちの子どもが生まれる前に、その子どもをお互いのあいだで愛するのであり、子どもがたとえ死んだとしても、その子どもにおいて婚姻した人々は互いに愛し合う。系図を上り下りするこの精神的感情があるところではどこであれ、内的感覚あるいは精神的表象の洞察があり、それを我々は本来的に心と呼び、そのゆえに、そのような感情に欠け、心をもたない場合を心ないというのである。

だがしかし、開かれた優しい心、すなわち拡張された包括的な自己感情もまた衰退し、虚偽が蔓延することがありえる。しかもそれはある仕方では精神的でありえる。こうしたことはたんに、誤った精神的表象もまた存在することからの帰結である。だがそのさい、当の心は悪魔の心になったのである。それゆえに我々がごく頻繁に見かけるように、［一方で］その感情が真に歴史的でない場合は、おおよそたんに感覚的であるにすぎないのであり、それゆえ［他方で］、その感情の頂点は、精神的自己感情の予感と呼ばれねばならない栄誉の感情だということである。

こうして我々は、精神的愛が詩的感情であること、我々が我々自身を表象できる以上の深みへと足を踏み入れた詩的感情であることを知る。このことによってのみ精神的生は我々の表象のなかにありえる。その精神的生は、神と永遠の生の予感とを覚醒させる神的表象の会得である。というのも、その生は神的源泉の像、すなわち愛である神の像だからであり、その生は我々において、その感受が感覚的な生であるとしても精神的な生の母だからである。

しかし、ここでもまた我々は、愛することが二重だといわねばならないだろう。つまり我々は永遠の生を愛することができるということ、たんにその表象において愛することができるということである。我々が我々の最内奥を動かす不思議な力、天の輝きを広げる光で我々を囲い満たす力、我々の眼にするかぎりの不思議な力、永遠の精神的記号を我々の諸表象に刻む不思議な力を感じるのは、強いられることがらである。そのようにして、塵はそれ自身光になり、軽やかな翼にのって時間と空間を越えて飛翔し、そのようにしてすべての表象は永遠の生の祝福の予感のなかに溶け込む。しかし、このようなことはいったい何というべきだろうか。我々が真理における永遠の生を愛するなら、その生に由来する予感と、その同じ生に由来する精神的で像的な表象が動物的でありうる我々にたいして、動物的なあり方を越える仕方で我々自身を否定し、すべての感覚的快を服従させるよう十分に働くとするなら、それらの表象は我々にはいい表せないほど偉大なものである。

　これにたいして、我々が我々自身の主人であるか、あるいはまさに自由裁量によって感覚的な快楽を許されるだけなら、精神的生は無である、つまり、いかなる精神的至福にも欠ける無である。ここでもまた我々は自分たちの堕落を感じねばならない。つまりその堕落が、どのように詩的感情と関係し、それへの固有の依存状態にあるかを展開するために、自分たちの堕落を感じねばならないのだが、ここで我々は［先に見た］記憶と信仰によって可能になったものが生起していること、したがって、個々の人間と民属の径路が精神的表象を受容して、真理への愛によってそれらの表象を自分たちの内に刻むよう努力したてきたこと、そのことによって学問［的慣習］が可能になったということ、このことを注記するにとどめたい。

## ［神像としての人間とその認識の歩み］

　ところで、我々が厳密に語るときには、受け取ることと概念把握することとは同一のことではない[5]。なぜなら、我々は外的にとらえ、受け取ることができる、つまり見渡せないほど多くのものを知ることができるが、それだけ会得するものは少なく、手に負えないことが増えるように、内的には次のようになるからである。すなわち、我々の見るものが全体をなし、全体から我々はどんなに小さいものであれ部分を概念的に理解する。換言すれば、我々の心に落ちるものがあるが、そうしたものをその全体において我々は感じている。だが「そのさい」、我々は明瞭に我々の自己意識に入ってきたものだけを概念把握したにすぎないからである。

こうして我々は、はるかに広がり伸びるもの、まさに我々には見渡せないものさえ受け取ることができるのだが、外的にも内的にも我々自身が現にある以上に広く会得することはできない。このことから、我々自身が永遠の生を、その働きが感じられるときには受け取ることができるが、しかし、我々が永遠の生ではなく、たんに永遠の生の現世的像であるにすぎないのだから、我々は永遠の生を保持できない、あるいは概念把握できないという結果が生じる。ここで我々は、我々の出発点であったもの、人間は自己自身より大きく偉大なものを概念把握できず、まさに等身大の自己自身だけを概念把握できるということに帰っているのだ。当然のことだが、このことは人間が自らの自己意識において自らの概念のすべてを保持すべきであるなら明らかである。したがって、人間の最高の概念は人間の最高の表象と同じように像的、シンボル的であり、その表象の発展は永遠の真理の現世的な像である人間自身についての概念である、換言すれば、神の寓話にちなんで神像において創造された者としての自己についての概念である。というのも神は愛であり、真理は神の永遠の像だからである。その像だけが神を概念把握するし、神によって概念把握される。キリスト教はそうしたことを我々に教えてきたのだが、それは今や矛盾に陥ることはないのである。

何がしかのものを感覚的知性(6)において概念把握することが、その知性の身体的連関を、つまり我々の身体にたいする知性の関係を洞察することであるのは明らかであるが、何がしかのものを精神的にとらえることは、知性の我々の魂にたいする関係の洞察、すなわち知性と真理の像としての我々との結合の洞察であることも同様にまた明らかである。そのさい、我々が我々の身体を魂においてだけ概念把握できることがたしかであるなら、同様に、事象をその精神的連関において概念把握してしまうに先立って、身体的連関において理解することなどできようはずもない。というのは、被造物はそれ自体において把握されることは不可能であり、何かより高次のものにおいてのみそれが可能だからである(7)。我々は、感覚的知性によって把握したといわれるべきものを、我々の身体［との連関］として解明され、見出さなければならないだろうが、我々の身体が解明されるのは、我々の自己意識によってだけなのである。

ここから、はじめにまず外的事物が概念把握され、その後で内的事物が把握されるとか、最初により遠いものが把握され、その後でより近いものが把握されるとか、最初に不分明なものが概念把握され、その後でより明瞭なものが概念把握されるというような場合、ことがらがいかに歪曲されているかはっきりしているのだ。我々の自己意識ほど我々に明瞭なものはない。我々がその自己意識を概念把握できないとしても、何か他のものを概念把握するために我々が保持するのは、まずは自己意識、その次にいわば歴史における我々つまり人間の諸々の表象と感情、さらに我々の身体、そしてそれに基づいた外的事物であろう。それが歩みである。どの程度我々がその歩みを飛び越えることができるのか、一つの問題となるが、しかし我々は当の歩みが危険に晒され、我々自身と世界についての真の理解把握の全体が放棄されているということ、このことは明らかである。まさにあらゆる時代の秀逸な頭脳の持ち主たちもこのことを感じてきたし、その点は別途に示すことになるが、このことから諸々の縺れた［困難の］結び目を取りまとめ、それらを順序づけて整理し、議論することが余計な作業になるという結論はここからけっして出てこないこと、この点はコメントしておかねばならない。というのも、このようにして人間が何者かを理解するに先だって存在し、それら［の困難］を順序づけたり議論したりする作業がまさに部分的には前提されるからである。これらの努力の全体、すなわち諸々の事物を現実の性質において知る欲求から生じるかぎりの努力の全体を、我々は学問［的慣習］(8)と呼ぶのである。

想像力と感情によって、我々は、我々のなかに隠微な仕方においても明示的な仕方においても含まれているものすべてを一度にとらえることができる。それはちょうど我々が我々の像全体を見、我々の外面全体を感触できるのと同様である。だがしかし、我々は知性によって一瞬に万事を概念把握できない(9)。そのことは我々が、一つの像なしに我々自身の手のなかに万事をとらえることができないのと同様である。なぜなら、我々にはすぐにわかることだが、ここでそのことは万事が概念把握されるに先立って、それが細々と区別されねばならないことが意味されるだけでなく、むしろその通観がなされるべきことに該当する。だがしかし、我々がはじめに全体を像において概念把握し、理解しないなら⑽、個々の部分のバラバラの理解に委ねられるのであるが、しかしそれでも、諸部分は連関において理解できるにすぎないこと、このことがよく注意されねばならない。［当初の連関における把握とは］別のことを望むとすれば、全体の概念を何ももたず、時計の個々の部分を理解しようとするようなもので、愚かなやり方であろう、あるいはそれ自身に触れることのできないような片手で、［その手］それ自身に触れようとするようなもので、酷いことであろう。

**［歴史とはなにか］**

ここで我々は学芸の径路に立ち、我々が知ろうと願う対象は我々には無数にあるが、しかし、それらは二つの大きな部門、すなわち歴史と自然、精神的世界と感覚的世界とに分類することができる。我々は身体とともに後者の世界に属するが、前者の世界にも属する。つまり身体は生成し消滅するが、我々が感じ取る魂は消滅不可能である。魂は精神的世界に属するし、それは、我々の自己を構成する。かりに我々が我々の魂を知るようになる以前に、まず全体を知ることができるとするなら、我々はそうでないことを見てきたのではあるが、この［まず全体を知ることができるとする］道を行くことが可能であるとするなら、過去の全世代は［魂という］自己自身を知ることなく世界から消え去っていったであろうこと、我々も同様に［魂としての自己に］無知な旧世代に倣うにちがいないし、次の世代は我々に倣うにちがいないであろうこと、こうしたことは明らかである。というのも、深淵を測定したり、星辰を感触したりすることさえ可能になっても、それでも明らかなことは、［そのような］身体の世界においてさえ［時間的］発展が生じるからである。人間はそれ自身の塵の上に、つまり時間と空間の此岸に立たねばならないし、最終的に部分的な仕方で全体を学び知り、そのことで自らの場を発見しなければならない。他面で、我々が我々自身を知ることで自余のものを知るよう導かれていることが不確かだとしても、我々自身が我々の知の最重要の対象であることはまさしく確実であり、我々が最初にどこへと向かうべきかといった問題はいかなる観点においても生じないであろう。［つまり探求は我々の自己理解を重視し、そこに向けて出発することであろう。］したがって、我々は展開されてきた歴史を参照し、そこで我々の自己理解がえられるかどうか見なければならない。しかし、過去の世代は死んでしまって、我々を発達・発展させたものを、墓のなかにではないとしても、魂がそこに歩み行く未知の不思議な国にもち去ってしまっており、もはやそれを知ることはできないように思える。それゆえここで問題なのは、我々に残されている記憶の諸々の足跡が保持する価値を、つまり表象や感情、概念といったものの価値を我々が感じ取ることである。ちなみに、それらは、世代と世代とを結ぶ情報伝達者としてさまざまな時代をさすらうよう刻み込まれているのである。

ところで、歴史に眼を向け、歴史が考察されるべき二側面を見すえるなら、すなわちその時間と空間における大量の事件が起こるかぎりでの感覚的側面と、その源泉としての自己意識を前提するかぎりでの精神的側面との二つ側面とがあることに眼を向けるなら、多様性における一体性が、継起における発展がなければならないこと、このことはすぐにわかる。これら精神と感覚の両方の観点は、歴史的自己意識としての人間、行動する身体器官としての人間の考察において統一されるのであり、まさに歴史の内容が表現の一系列の連関になる、まさに人間の魂が自己意識へと展開され、そこに身体を合体するよう努める、つながりあった表現の系列になるのである。

したがって、第一の感覚的部分は実践的魂論になり、魂をその諸々の表現によって、つまり精神的なものの感覚的なものへの移植を通じて描かねばならない。第二の精神的部分は実験的身体論になり、前者［である実践的魂論］の表現の働きを描かねばならない、つまり感覚的なものの解明を精神において生きいきと描かねばならない(11)。その全体が経験的美学なのだが、それはまさに人間における真理と美との一体化を描き出すのである。前者［実践的魂論］の時間は正しく、詩的すなわち創造的と呼ばれる(12)。というのは、そこで真理はその像的表現として美的なものを造形するからである。この精神的に息を吹き込まれた像（人間）は、［神の］創造を模倣し、外的なものにおいて自己を描き出すことで人間として自覚するようになる。後者［実験的身体論］の時間は哲学的と呼ばれねばならない。というのは、そのさい人間は自己自身とその日常の仕事を考察し、真理において自己を考察し、自己において自らの像の全体を考察するからである。時間の全体は歴史的と呼ばれねばならない。というのは、時間は本来、どこまで、どのように魂と身体とが共属しあい、真理と美とが共属しあうかという問いとして存立するからである。この問いに答えることで、時間は宇宙論的(13)になる、すなわち世界の諸条件、諸状況を照らし啓蒙する。同じやり方で、神が現実に何であらねばならないかを人間の解明が像的に示すとき、時間は神学的になる。

ところで、最初の一瞥によって歴史がこのまったく大きな、しかも安直な期待に、そうだ真理の側からすれば許されざる要求に応えると思えないのは、たしかに過酷なものである。なぜなら、そのことが証明するのは、眼のなかに泥が入り、世間に虚偽が拡散する必然性だからである。［だが、そもそも大きいが安直な期待に］応えないのだから、我々は中途半端な仕事を眼の前にする道化のように半ばできていても全部ではないと怒鳴り散らすこともないだろうし、その半分を、透明な真理を表現した美しい発展と見なすだろう。ことばを換えれば、このことはたしかに、人間が堕落したことを証言しているだろう。たしかに、我々は一面で、かりに神が神ではない場合、つまり、神の被造物が神を制約するような場合には、人間の堕落が神の計画を妨害できることを理解できるのだが、しかし、それと同様に他面で、人間が自分自身を正しい光で見ることができる地点に到達しているとすれば、我々が言及したように歴史もまた第一の［実践的霊魂論の］部分がじっさいに成就していることを示すにちがいない。とはいえ、そのことは不思議な仕方、超自然的な仕方で生じるにちがいない。というのは、我々は、真理と虚偽とを混同し、それらを相互に取り違えることを自身でも行い、そして過去の世代もまたその取り違えを犯したことを歴史に見るのだが、そうした混同と取り違えによって我々は、たしかに真理と虚偽を区別することを学びはしない、あるいは真理において自己を受け取ることを学びはしないからである。

しかし、理性の声を聞き、理性を用いようとする者にたいして次のことは証明できる。すなわち、時間の経過のなかで超自然的真理の啓示が起こらねばならなかったことは、つまり、真理がその像として人間を創造したのだから、過去に起こった啓示とは別の［歴史過程での神の真理の］啓示が起こらねばならなかったこと、信仰を通じて人間を真理へと導いたのが、この後者の啓示でなければならなかったことを証明できる。したがって、信仰にとってそうした対象であったものが真理の啓示であることは歴史的に示されたのであり、それゆえに、その対象は概念的に把握されていないとはいえ、それでも真理を愛し、人間が真理の認識に到達するにちがいないと願うすべての人々によって信じられねばならなかった。要するに、このことはキリスト教の真理の偉大で反駁できない歴史的証明である。その真理は、万人に明らかにされることができたあかつきには否定できないものであり、思索をこととする人々はじっさいに、その真理を普遍史的知識[14]とともに保持しているのである。

**〔生ける宗教〕**

それゆえまたキリスト教が少し前の時代まで、読書家たちにあって否定できない真理、つまり唯一確実で信じるに価する真の学芸への道案内をしようとしてきたことはあながち間違っているわけではない。だが、そのような［学芸による］真理の洞察を救済的信仰とみなす者は欺瞞的である。そのような洞察は信仰者たちにあって人間［の側面］を援助し、彼らが目標に到達するよう手助けするだろうが、しかし、生ける信仰を与えず、したがって、永遠の生へと導くのではなく、永遠の生の像を示唆することで、それにたいする渇望を呼び覚ますにすぎない。信仰の力を眼にたいして啓示することで、信仰の晴れやかさを示すにすぎない。これにたいして生ける信仰は心のうちにある真理愛求の力強い働きであり、時が満ちることで真理が受肉するのとまったく同様に、超自然的でなければならない。そうだ、生ける信仰はまさに人間がそこに到達するような真理の享受であり、そのことの条件は堕罪にたいしてもつ道徳的感情であり、贖罪への衝迫である。こうしたことは良心の問題である。というのも、それは真理と虚偽が善と悪に当たることを自覚するのは意志だからである。我々がまっとうな真理への愛と人間愛とをもつときには、つねにこの点に立ち返らねばならない。というのも、すでに述べたように、愛［の働きそのもの］は意志の生であるが、愛という概念はこれとは異なり、生彩を欠いた影として無力であり、空疎であり、死せるものだからである。

この点で、我々は問題の解決としてキリスト教がまったき真理であることを受け入れねばならないのだ。この光のなかで歴史を考察すると、我々はキリスト以前に、人間に示された道の周知の軌跡を見ている。しかし、まったくの荒野を彷徨する人々は、ある部分は眼が見えずに混乱し、ある部分は、一連の個々の人々を除くとしても期待をもって真理による導きの紐を手にして彷徨したのであり、暗く不分明ななかにあって、はるか遠方の輝きという約束の煌きによって慰められた。このことのつながりで、もてる光を世界の始まりへと投げ返し、その光線を世界の終わりにまで延長したのが当の［歴史的］真理であった、すなわち時の満ちるなかで身体に下降し、闇のなかに光を灯した真理だったのである。

## 【歴史の径路と展望】

こうして我々は［まずキリスト以前の］異教徒たちのあいだに、像言語[15]による諸々の精神的観取すなわち［精神的］ヴィジョンの時代を見る[16]。しかしそれらのヴィジョンは謎のようであり、まったく誤っていることもしばしばある。諸々の像は取り違えられており、しばしば間違っている。我々は、発達することなく、全世界の各地へと分岐していくことのない根本言語そのものを知る[17]。［次に］我々は闘争衝動とともに感情の時代を知る。［精神的］ヴィジョンを歌謡や詩の連の言語と一体化する願望とともに、記憶のなかに過去の世代を取り留め、その記憶を著作のかたちで後の世代に伝達して保持する願望とともに、青銅や石に、そして足や腕に超感覚的なものの軌跡を描こうとする願望とともに、要するに、感覚的なものにおける精神的刻印全体の軌跡を描こうとする願望とともに感情の時代を知る。ちなみに、こうしたことは人間の壮年期（中世）に属する。しかし、その言語はヴィジョンを生むことができない、あるいは歌謡のなかに溶け込むことができず、衝動は血の色をしており、年代記は冷たく不確実であり、描写は偶像崇拝にいたる。

最後に、我々は概念把握の時代を知る。なぜなら、魂は自らの像全体を取り集めて説明しようと努め、そこで理性が自らを見出さないもののすべてを、すなわち理性が自らの意識性と統一できないものすべてを拒否するからである[18]。しかし、この意識はほとんど身体的であるにすぎず、理性は感覚的であって、精神的なものは拒否され、感覚的なものが偶像視され、人間という目標はまったくの不首尾に思える[19]。真理がその天幕を人間の子孫のあいだに張るあちこちの片隅にだけ、そこでだけ諸々のヴィジョンがじっさいに生まれ、そこでだけ諸ヴィジョンが歴史のなかで継起して心に刻まれ、そこでだけ賛美歌の言語とともにヴィジョンは歌謡と溶け合い、そこでだけ魂は精神的意識へと展開される。そこに、ヴィジョンはじっさいに解明されて掲げられるのだが、しかし、我々の考えることができるように、全体が神秘的で超自然的な仕方で生じる。だから、人類がそれよって自らの目標に到達するのは、すなわち時が満ちることによってその目標に到達するのは精神的寓話のなかでだけである。なぜなら、［精神を］見る眼のない感覚的理性によっては精神は否定され、身体が世界において偶像視され、［現実の世界への］あらゆる希望が消失しているように見えるからである。だから、キリストは解明された身体、精神的身体によって墓から蘇ったが、他方で、ティベリウスは狂人のように、卑劣にも自らを偶像視させた[20]。そこで新たな時代がはじまった。異教徒たちの眼が真理と虚偽とを区別することへと開かれ、彼らの心の喜びにしたがって、キリストかティベリウスか、真理か虚偽か［の判断］を獲得し、彼らの自己意識に取り入れた時代がはじまった。諸々の時代が大いなる変転のもとに流れ、いにしえの日々はより精神的なものに変貌し慣習として繰り返された。真理と虚偽とが周知のようにことばをめぐって、精神の国の支配権をめぐって争い、しばしばことばが真理の口から語られ[21]、［世俗支配の］笏が神の右手で捻じ曲げられているように見えたが、しかし、［歴史の］ページはつねにまためくられた。わかったのは、ことばがたたかいのもとでだけ、教会の心にいっそう深く刻み込まれ、教会のことば遣いにおいていっそう鮮明に迸り出ることであった。かの［世俗支配の］笏は、備えのために手にくるまれ、仕舞われているときには折れているように見えただけだが、まさに十字架における笏であり剣として、つまり煌く剣であり花咲く笏として、虚偽をこととする者を怯えさせ、信仰者の喝采のために再び引き出されるだろう。

そして我々は終末の日に、それ以前にはけっしてないことだが、ことばが虚偽の凱旋車を鎖に繋ぐことを知っている。［なるほど］その凱旋車の車輪は誇り高く十字架を越えて進み、槍の地上的寓話(22)を越えて進んだのだが、しかし我々は［今］転換点に立っているだろう。時代が変動し、信仰者の眼が高きものから来る煌きを喜ぶことで輝き、ことばが、柔らかな心から発せられる歌声の力とともに迸り出る。その心は、精神において陽気な祝祭が近く、賛美歌が舌をついて響くことを感じる。聖なる調べのなかで迸り出る賛美歌を妨げようとする者は誰か、たたかいのなかで全能の生ける真理に壁を置こうとし、叫ぶように天からの声を嘲笑しようとする者は誰か。この者は平和を止め、永遠の自我との連携を断ち、「我が真理なり、道なり、生なり(23)」と叫ぶ。神のおかげで私はそれをしない。おかげさまで。私はあえて民衆がそのように叫ぶことを望まない。私とともに祖先の心と胎内から生まれた民衆が、すなわちキリスト的な、敬虔で真理を愛好する成熟した人々の心と胎内から生まれた民衆がそう叫ぶことを望まない。

# 第二部　人間の条件

グルントヴィは「仕合せの国」デンマークのアイコンともいえる人物であるが、同時に人生行路に深く悩み、精神疾患を抱えていたことも知られている。画像はおよそ1810年頃、生地ウズビュの教会で物思いに沈む若きグルントヴィ。
（画像はデンマーク王国立図書館所蔵より）

# 序章　人間の条件

## はじめに

一八一三年一〇月一〇日

イエスの名を祝福し、精霊の恵み深い援助によって、父なる神の栄誉と彼の国の普及に向けて

## ［人間とは何か、自分自身とは何か］

敬愛する聴講者の皆さん

人間とは何でしょうか。人間はどこから来て、何をその分とし、いかなる使命が割り当てられているのでしょうか。我々は何であり、どんな生へと生まれたのでしょうか（*Quid sumus et quid victuri gignimur?*）。こうしたことは、何千年来最高の頭脳の持ち主たちを悩ませてきた問題です

が、人間が人間と呼ばれることを望むなら、軽視してはならないことがらです。それは、私たちがみな、まさしく人間の名に価するかぎり、心を動かし満足のいく答えをえたいと憧れるような問題です。というのも自己意識は、私たちが私たちでありたいと知る私たちに伝承された遺産なのです。そのさいに私たちは、私たちが何であり、何ができ、何になろうとするのか、何になるべきなのか、これらのことがらに無関心でいることができます。要するに私たちの現存在の起源や条件、目標に無関心でありえるのです。

しかし今私たちがみなその最重要の大問題を解かねばならないとするなら、その答えもまた国内で公刊された読みやすい書物と同意見なのか、あるいは国外の書物と同意見なのか、熟慮を重ねることに役立つでしょう。私たちにはわかっていることですが、私たちが精神において過去に立ち返ることができるかぎり、人間の生は陰鬱な話とみなされたでしょうし、知恵者と愚か者とは相対立すると思われたでしょう。そのことにかかわって最賢者たちは、人間が何であるかは不確かだと語ったのでした。私たちが今、結び目(1)を解くことばを見つけたとするなら、私たちは私たちの背後にあり、私たちの内にある闇、私たちにたいしてある闇を照せる光を見つけたのです。たしかに世間は、人間のふるまいを見、語りにおいてその人間の思索を聞き取ると、そんなふうなのだと考えるにちがいありません。私たちの眼に見える「人間の」条件は私たちの祖先のそれのようであり、私たちの日常は、手のひらを組んでつくった「流れを堰き止めることのできない」堤防のようであり、まるで夢のようです。つまり、日常は影のように行き過ぎるのです。日常は、思い悩み、問い、真剣に理由づけを行う私たちにあってはごく取るに足らないものになっています。

ですが、私たちが教養層のことばを耳にし、それら賢人の熟慮に注意を払うとすれば、私たちにはたしかに気づくことがあります。つまり、彼ら賢人は人間の諸条件について確信をもっていませんが、それでもそれらに想念を巡らし、そのことに倦み、しばしば自慢します。しかしながら彼ら賢人は最重要の問題について私たちに解答を与え、私たちの諸条件を解明し、私たちの最深の憧れを満たすこと、こうしたことができないのです。依然としてごく些細なできごとからくる希望や恐怖によって内心を動揺させられる人々が、死に背を向けて地上の生でごく大きなものを求めて彷徨し、疑問も、真剣な省察もなくふるまっているのですが、そのことはいったい何でありえるのでしょうか。まさしく私たちの固有の生を、すなわち私たちの最内奥で動くものは、［それらの人々が度外視した］光でなくて何でありましょうか。私たちが私たちの魂や精神と呼ぶものにたいして鈍感でも無関心でもないことは、光［の恵み］でなくて何でありましょうか。そうです。こうした鈍感さや人間の高貴さの忘却、私たちの最内奥から聞こえる声に耳を閉ざす行為、こうしたことが現代の人間の子どもたちを奪い去っているものです。それは、なぜもはや私たちが不確信や闇にたいする悲痛な訴えに耳を傾けないのか、なぜごくまれにしか私たちがただ一つ語るに価するものについての真剣な語りかけに耳を傾けないのか、このことの唯一の理由なのです。自己自身を忘れ、理解しないことは人類の［肉体にまつわる］欲望であり、我々をめぐる諸事象のただなかにあって、そうしたことが、私たちの背後にあるもの、内にあるものを忘れさせるのです。そのことが、私たちに対面してあり、私たちを越えてあるものを忘れさせる娯楽や肉体的快楽の虚しさのなかにあるのです。それは私たちの悪しき願望なのです。

## ［聖なる光のもとで］

しかし幸いなるかな、私の場合はそうではありませんし、みなさんもそうでないと願っています。でなければ私はきっと、みなさんが何を知るために外出してここにきたのでしょうか、みなさんは、あちこちでの浮き沈みによって駆り立てられる［時代の］動向を知りたいと望むのですかと問いかけるでしょう。そのためには賢人たちの本を、つまり、ものの見えない人々の仲間に向けて出版され、それ自身がものの見えていない書物を知ることがよいのです。［ですが］みなさんは今、王宮の庭ではなく、多くの場所で見かける軽やかな衣装をまとった人間を知ろうと望んでいるでしょうか。快楽や卑猥さをけばけばしい色をつかって表現しているのはそうした［人々の］服装です。それは響きのあることばでみなさんの耳を楽しませ、誤った夢で想像力を弄び、賢い嘘で良心を眠り込ませ、忌むべき墓場を塗り固め、広々とした天を魔術で呼び出すのです。［これにたいして］私のお話に耳を傾けようとされる方々は、ユダヤ人にとって軽蔑すべきこと、ギリシア人にとっては酷いことを聞いていただかねばなりません。生の暗澹たる物語にたいする唯一の解決策であり、終末の時代には寓話や虚偽として軽視され嘲りを受ける神の真理の話を聞いていただかなければなりません。こうしたお話を聞いていただくことになりますし、そのことを期待していただかなければなりません。ここで自分が騙されてきたこととは別のことをお望みなら、その人は自分にとって迂遠な啓蒙を信じ、受け入れるようなことにはならないでしょう。というのもその人は、私が彼の耳に語りかけたことばが彼にとっては終末の日に彼を審判することを知るだろうからです。

では私の望むことは、嘲りを受けた神聖な書物を開き、その書物の人間についての誠実な証言、すなわち人はとは何であり、何のために人間としての任を受けているのかについて証言することでしょうか。たしかにこの仕事は神のことばによる礼拝にまさしく固有なものであり、私はそのことばの力について疑ってはいません。そのことばの過ぎ去った時代に見る駆動力を疑っていません。そうです。その力を私自身が耳にしてきたのでして、それを私は疑いません。たしかに私は眼の前に聖書を置かなければ何も話せませんし、話そうとも思いません。主の光をつねに見つめていなければ、何も話せないし、話そうとも思いません。その光のなかでだけ私たちは光を見ることができるのです。

しかし、当世は酷いもので、聖なる真理にたいする諸々の偏見が多くの人々それぞれの心に根づいていています。ですが、その心は真理を憎まないでしょう。理性と聖書とは光と闇のように互いに反目し合うと考えられています。あるいは、我々は真理のために神の啓示書を必要とするのですが、しかし、その真理はその啓示書のなかにはないと考えられています。ですから、私は人間の条件についてお話をはじめます。私は誠実に、私たちが理性の正しい使用によって何を知ることができるか吟味しました。私たちが徳をもち敬虔に世界を渉猟するために、人混みのもとにありながらも、最終的には平和裡にことを済ませられるように、何を知る必要があるかを吟味しました。率直にいって私が吟味してみて、思い上がることなく知って、またいわねばならないのですが、主が私に授けたような吟味・根拠づけの機会やその能力が大多数の人々にあるわけではありません。私は、神が何を望んでいるのかさえ知らない時代に、古いものを蔑み、誘惑と困窮、死のなかにあって保持可能な価値のある新たなものをもたない時代に暮らしております。そのようななかで、私は私の真剣な思索の諸々を紹介しますが、それらに不動の確信を寄せています。私は世界を案内しますが、ただ当の［聖なる］書物のなかにだけ教訓と知恵を探ります。その理由は、私が［すでに］私たちの時代の知恵に通じているからではありませんし、創造者の恵みである理性に乏しいからというわけでもなく、［さらに］考える以上に信じることが心地よいとみなしたからでもありません。それなりに正しい敬虔な遺産のなかで讃えられ、告知されるような信仰によってこそ人は安らかになり、救われるだろうと想像するからなのです。こういったことも余談ではありえないのです。

**［真理への愛］**

［このようなしだいで、ここで］私が主張しますこと、そうです、私のお話を聞こうとするみなさんそれぞれの権利として主張しますことはただ、みなさんそれぞれにとっての真剣な問題が真理であること、ただ真理だけが問題だということです。みなさんは人間とは何かという大問題にたいする深

い敬意を抱くはずです。このことのためにみなさんはここに座っていますし、その答えをえるという内面的願望を抱いており、真理に心を開き、その心が純粋に真理であるさいに信じ、受け入れ、聖なる真剣さで吟味し考量しようとする確固とした決心、しかもそれが古いか新しいかを問うことがない、そうした確固とした決心を抱いています。誰であってもこの心根をもたない人、そうした人にお話しするのは有益ではないでしょう。ですがそれでも、私はそうした人にいわなければなりません。「ねえ君、私のいうことを聞いてほしいんだ。君の最内奥に響く私のことばのこだまを聞いてほしいんだ」といわねばならなりません。というのも、「聞いてほしい」それらの「ことばの」すべては、真理への愛を欠くと非難されているのですが、「実はそうではなく」神のことばなのですから。

私にはわかりますが、私たちの誰もが真理への愛を欠いていると自己告白することはありません。ですが私は、多くの人々が、きわめて多くの人々がこの部分でひどく欺かれていること、私が自分を欺いてきたことも知っております。ですがさらに、この真理への愛を抱いているかどうかを発見しようとし、それを簡単に発見できる人、そうした人が自身に試練の時間を課して、自分をしごく辱め、彼の最愛の快楽をきわめて厳しく咎めだて、きわめて重い犠牲を強いるようなことを信じるかどうかの自問さえ求めることを私は知っております。彼が率直かつ誠実にこの「真理への愛の証明にかかわる」ことがらに積極的に応じることができ、あえてそうするなら、彼は真理への愛を抱いており、彼は人間とは何かについてもはや私と争うはずはなく、神のことばの真理性を疑う必要はないのです。

これにたいして、彼が自分自身にたいしてこの証明を与えられないし、与えようとしないとすれば、それは当の真理のせいではなく、彼自身のせいであること、彼はその真理が彼の心をとらえていないことを知っているのです。というのも、神を愛することのない人は、神を知ることができませんし、神が真理であることを知ることもできません。［神を愛することで］その人は、自分自身と争うことを学び、高次のものすなわち光の父から来る力に祈願することを学びます。そうした光だけが私たちを照らして啓蒙でき、強くすることができるのです(2)。

なによりまずこのことを私は人々に表明するでしょう。つまり、多くの人々がどんな酷いことがらであっても、あれこれについて聖書の奇跡のように語り、聖書が啓示する秘密として語るなら、［神の光だけが私たちを照らすという］上記のことがらを私は第一に申し述べるでしょう。その［酷い］ことがらを信じ、弁明することは私にはできませんし、そうするつもりもありません。何を信じることができ、何を信じようとするかが問題なのではなく、むしろ、その［語られたことがらの］なかで何が真理かが問題なのです。どんなことも真理だとするなら、それは虚偽になります。なぜなら、それらのことがらは、何がしかの人によって否定される、それができるとすれば否定されるのですから。その人がけっして望まなかったことを信じるのは私たちには適切でないと考える人によって否定されるのですから。［ちなみに、］私たちの福祉の条件と呼ばれるものは、私たちの心を落ち着かせます。私たちに［精神の］力を与えられるし、与えるであろう一人の人がいるといわれる場合には、私たちの心は落ち着きます。何千何万という人がこの力を受け入れ、そのことで恩恵を受けたと感じて、それを高々と宣言するのであれば、それが正しいかどうか私たちはけっして吟味しないでしょうから。

これらの［真理への愛の］証明に眼をやるよう私は人々に乞わねばなりません。それは、それらの証明が与えることのできないことがらの探求のため、つまり理性がキリスト教の真理について確信を与えられないことの探求のためではありません。たんにあらゆる真理の認識を妨げる偏見を脱するためなのです。

## ［懐疑と軽蔑のなかにある真の学識］

といっても、［一八世紀という］昔の人間が神性について大いなる疑いをもっていたこと、とくに人間の条件について、墓をしりえにした人間の運命について大いなる疑いをもっていたことは間違いありません。理性的人間が、［自身のことばではなく］彼の隣人のことばでこれらのことがらについて確信を築くことはできないだろうこともたしかです。死んでしまった人々の運命を確信することは誰にも不可能と思われるにちがいありません。もっとも私たちが自分自身の理性以外の証言を望むなら、プラトンやセネカ(3)は、最も異論を差し挟む余地のない証言者なのですが。

ではありますが、次のこともたしかです。つまり、神秘の時代からこの方、［使徒である］人間たちが墓という条件(4)についての周知のメッセージを何千回となく説明してきたことはたしかです。それらの人間たちは［神である］唯一者についての彼らの確信を築いたこと、その唯一者は彼らにそのような確信を、［イエスという］死せる人々の住まいから立ち戻った人のことばで築いたこと(5)、人間たちは、彼らの確信を唇に置いたのではなく、心に、すなわちハートに置いたこと、つまり恐れや悲しみを度外視して、その立ち戻った人に生を委ねたことで心に確信を置いたこと、これらのことはたしかです。その人は大いなる知らせを運んでいたのであり、その人がいたところに、それらの人間たちもいたであろうことを約束していたのです。

［それ以来］およそ一八〇〇年の時が過ぎ去りました。多くの人々は上記の説話を嘲笑しました。［イエスについての］痛ましい証言者たちが墓の盛り土のもとで光の輝きに歓喜の叫びをあげ、無知に沈んでいた諸々の民属が知識において高揚した光を、多くの人々は軽蔑しました。しかしそうした［知の］上下動のすべてにあって、私たちは一連の力強い精神の持ち主たちを見たのであり、一連の冷静で有能な人々を知ったのです。彼らは彼らの信仰を築いたのでして、蘇った者のことばによる安らぎはつねに憎まれ、世間から繰り返し罵られますが、しかし、けして辱められず、制圧されなかったのです。そうです、この幾年かにおいてもそうです。なぜなら、十字架刑に科せされ、蘇った者の信仰はいつも以上に嘲笑の対象であり、馬鹿者のたしかな印、あるいは疑似信仰のたしかな印とされたのですが、その折に同時に私たちは、その知性を否定できない人々を知っているからです。それらの人々の知性は正しい歩みを進めています。その知性はそれらの人々の学識の軽蔑に馴染んでいる世間的な眼によってはえられません、むしろそこには欠落しているでしょう。私たちはそうした知性を備えた人々が依然として十字架のもとに身を置いていること知っています。私たちは彼らが、彼らの

ものとしての信仰にくみしてたたかっていること、人類の宝でありしごく貴重な財宝のように信仰にくみしてたたかっていることを知っています。

そうです、こうした時代に私はみなさんの眼の前に立っているのです。なるほど私は多年にわたる熟慮と経験にしたがって語ることのできる長老、尊敬すべき「ご老体」ではありません。むしろそれだけに、私はいっそう強い好奇心をもっている若い年代の者です。なぜなら、栄誉や拍手喝采が私たち若い世代を力強く誘惑するからです。［若い世代には］諸々の能力があります。それらの能力は、私が世界の人々の喜びのために用いるなら、私［の思い］に忠実であることができるでしょう。そのさい私は時代を背景にしております。そのなかで私は時代精神に仕え、その賢慮［の把握］に専念しています。私はここに立って証言します。私は心のなかで、真理についての不動の確信をもっています。その確信は蘇った者［イエス］が語り、彼の使徒が告知し、アウグスチヌス、ベルナルドゥス、ルター、バレ(6)といった長期にわたる絆に結ばれた人々が熟知したことばによるものです。私は証言します。私はまた主が望むように、イエスの名において嘲りの野で、あるいは処刑の場であえて静かに、そして素直に眼を閉じます。

私は繰り返していいます。そのようなことは理性［あるいは知性］にたいしては、当の学識が真理であることを証明するのではなく、その学識が信じられること、それに思慮ある人々が信を置けること、しばらくのあいだでもそうできることを示すのです。なぜなら、その学識の理性が異教徒の愚とムスリム教徒の反知性とをきわめて明白に洞察するからです。そのことが示すのは、ただ傲岸な愚か者だけが、自分は十二分に啓蒙されているのだから［その学識を］信じないのだと思い込めることです。つまり、当の学識が真理であるなら、［傲岸な］不信仰の者たちにはどんな釈明も残されていないということなのです。真理を愛好する人間が誰も偏見なしに、誠実で知性的で高貴な多くの人間たちが真理と考えた学識を証明し、賛成するのはたしかです。内面の喜びや平和とともに生きかつ死ぬことを誠実に望む人は誰でもきっと、幾多の世紀を通じて矛盾のないものと証明した信仰を自ら希望するにちがいありません。世間が知らず、与えることのできない平和を贈ることができると証明し、誰もそれを盗むことができず、死の悲惨ささえものともしない喜びを贈ることができると証明した信仰を自ら希望するにちがいありません。

たしかに、先にふれた使徒たちや痛ましい証言者たち、先に見た会衆とともにあることばの奉仕者たちが自分たちに失望して、［現代のように］砂上に彼らの希望の楼閣を建てたというようなことが、私たちの吟味や心の反省にあって終結しているのかどうか、私たちは大いに気を配らなければなりません。というのも、こうした洞察を啓蒙として称賛するのは大いに愚かしいことだからです。［たしかに］すべての祖先が誤っていて、高齢の者たちが不確実と闇のなかにあり、私たちは、再びその誤りのなかにたっていることを察知しています。というのも、すべて私たちの時代が啓蒙と呼んだものが父祖の精神の家の倒壊であったことはたしかに否定できないのですから。ですがこうした私たちの状況と生の闇の説話では、私たちはもはや賢くならないのです。この世の後に生がないのか、それともそのような生があり、私たちが喜ばしい知らせとともにこうした［この世の後には生がないという］言説に反対できるのか、この点について私たちに疑いのない確信を与えられるような人がまだいないこともたしかです。いったい私たち自身はそれほど賢いでしょうか。私たちは理性の法廷で矛盾することなく、これらのことがらの一つを証明できるでしょうか。そうしたことが、私たちが父祖の信仰の拒否権をもてる唯一の条件なのです(7)。

私たちにはそうした証明が不可能だと私は申し上げます。これらは私のことばではありますが、すべて本当ですし、私が経験した真理のことばだと申し上げます。このことは私たち全員にとって最も重要だと私は申し上げます。なぜなら、そのことが私たちの生存全体の見方を規定するにちがいないからですし、そのことを誰も否定できません。最後にその理性は、傲慢さや他のおぞましい快楽によって眼を塞がれないとするなら、私たちをその啓示という境界にさえ、キリスト者たちの墓にさえ導き、そして私たちが信仰の喪失にかかわって、すなわち父祖を啓蒙し強くした当の信仰、父祖に此岸の恵みを与えた信仰［の喪失］を悲しみ、膝まずいて神を慕うよう命じるのです。

**［何を知の要求にできるか――単純明快を支えとして］**

こうして［ここでの］私のお話は、私は何を知るのか、理性は矛盾のない確信とともに何を結論できるのか、私たちは何を知の要求にできるのか、これらのことにかかわるものです。それはまさしく、通常は哲学と呼ばれるものですし、それを私たちは論理と呼びます。それは理性の教えです。しかし、人々はそれらの術語による夢想に、そして複雑な諸概念に期待したり恐れをもったりする必要はありませんし、そのような物議を醸すことばに隠されているのは妄想にすぎません。そのような［物議の］支えを必要とするのは妄想にすぎません。単純明快が真理の徴表なのです。理性の真理にかなう説話は万人に理解でき、つきしたがうことができなければなりません。人間の心や魂、精神、情動、思考、表象がどんな言語でも語れねばならないなら、万人がこれらのことがらにことばをもつことが肝心ですから。［とはいえ］私は、神が私たちの母語として私たちに与えてくれたものを措いて、生きいきとしたことばに馴染んでいません。それ以上に便宜を与えてくれることばを知らないのです。

# 第一章　人間の条件をめぐって

イエスの名を祝福して

**［人間への問い］**

人間とは何か、このことばは私たちには数千年を通じて響く竪琴の大げさな音色のように聞こえますが、それは問いの精神において確信の欠落を表現するのではなく、最高の位置にある見えざるものにたいする、考察者自身の謙虚な感情を表現しています。すなわち、その考察者が誰を信じたのか、どんな栄誉を、どんな慈愛を称賛するために竪琴を掻き鳴らしたのかを表現するのです。もし全人類がその人への信仰を保持するなら、人間とは何かを問うことは必ずしも必要ではなく、私たちの知るように［その問いとは］別様のものだったでしょう。［ですがそんなことはないので、］この問いは、私たちが過去の時代に賢人とか知恵者と名づけ、精神の長子とか選良と呼んだ人々すべての思考活動を促したものであり、私たちの誰もがそれに関与せずにパスすることのできないものです。その問いへの答を見つけることがどんなに重いものであっても、避けて通ることのできないことがらなのです。

たしかに、その問いは重いものです。というのも、私たちが、「我々は人間である」ということばを熟慮して真摯に発言することで、その思想の勢力が私たちのところに嵐のように押し入って来ないでしょうか、その［人間の］不思議な像が私たち自身から立ち上らないでしょうか。それは一つの像、イメージで、その概略だけが照らし出されるにすぎませんが、他方でその像、イメージを私たちは元来の人間的なものと呼ばなければなりません。その像は影のなかにあるように立っているのです。個々の輝きは何も明らかにしません。むしろ混乱しているように見えるだけです。なぜなら、私たちは個々の輝きのなかに顔つきの特徴を発見しますが、その特徴は［まだ］、同じ［人間の］顔かたちに一致しないように思えます。

ここで私はイメージと戯れているのでしょうか。あるいは私は、私たちがみな人間の条件を真剣に反省するさいに感じ取ったことを発言しているだけなのでしょうか。私たちは生まれ、成長し、そのことで私たちが現れ、私たちの姿が［歴史のなかで］広まり、高められ、そのすべてが描き出されることを知ります。しかし、誕生と成長とがそのことで解明されているのなら、それはもはや私たちの眼前に展開する秘密の深みではありません。私たちが熟慮してその［「我々は人間である」という］ことばに言及しても、そこに秘密の深みはないのです。私たちもまた［学問的な仕方で］探求の道に立って、母の生のなかの出発点に向けて［探求を］進めて行くとして、それで私たちはいっそう賢くなっているでしょうか。つまりその思考は受胎の秘密［の解明］を終えたところで失われてはならないでしょう。

ここで私たちはすでに、人間とは何かを知らないことがわかっていなければなりません。というのも、私たちが変化するものをどのように知るといえるのでしょうか。その起源が私たちに隠されている変化するものを、どのように知るといえるのでしょうか。なぜなら、この起源に、ルーツであり核である起源に、後になって自身を明示する変化するものは留保されていなければなりませんし、この起源においてのみ、それは理解できるように思えるのですから。ですが、私たちの起源が私たちに隠されているかぎり、たしかに多くの人々は起源についての啓蒙が私たちにとって重要ではありえないと主張するでしょう。その啓蒙は不可能であり、なくても済むからです。なぜなら、私たち［人間］が何であるかが端的にわかっているなら、私たちが［起源において］何であったかは、私たちにはどうでもよいことのように思えるからです。たしかにこのことの半分だけは真理です。というのも、その重要さは確実なものだからです。無から何がしかのものへの移行はないという真理は、私たちが何であるかは、私たちが何であったかの展開と継続、すなわち［過去にあったものからの］変化ではないという真理と同様に確実だからです。こうして［私たちの起源についての］啓蒙の不可能性は私たちを困惑させるにちがいないでしょう。ですが、その重要さを無にすることはできない相談でしょう。とはいえ、もし私たちが今何であるか、私たちが何になるべきで、何になるかすっかり理解すれば、私たちは誕生の秘密についても簡単に落ち着いた対処ができるのです。というのも、そのさいには誕生に基本的に秘密がないからです。十分に育った植物において種が再生し、完熟した果実に芽が再生するように、私たちの誕生もまた、完成において与えられねばならないからですし、その最終目標において、神意もまた啓示されねばならないからです(1)。

**［生の探求］**

しかし、いったい私たちはこのような仕方で自明な世界に住んでいるでしょうか。老観察者がおり、彼は人間の条件にたいする自らの苦悩を歌のなかに吹き込みましたが、その響きは私たちには以前の時代から悲運の調子を伴って聞こえました。すなわち、「人間は女から生まれて、不安とともに日々を積み重ねることに満足する。彼は花のように咲き、枯れて、影のように飛び去ってとどまることができない。［だが］その木には、たとえ切られても希望がある。というのも、木は再生するからであり、その若芽は、たとえその根が土のなかで老いさらばえても死んではいないからである。その切り株は塵のなかに死するが、水の潤いによって再び芽吹き、草木のように緑を育てる。だが人間は、死ねば無力である。人間は息が絶えたときどこにいるのか。水は湖から消え、川が枯れて乾く。そのように天はあるのだが人間は臥したまま起きないのであり、彼の子らが立派になっても、彼はそのことを知らない。あるいは卑しくなってもそのことに気を留めない。だが人間の身体は痛みを覚えねばならないし、彼の魂は彼にあって悲しみに沈まなければならない。(2)」

私たちの時代では、このように深く痛ましい調子を帯びたことばはめったに聞かれません。ですから、そうした調子は私たちのなかに反響を呼び覚まさないのです。というのも、私たちの状況は異なっているからです。［ですが、私たちの時代に］人間が不安とともに日々を積み重ねることに満足し、花のように枯れるということは、依然として真でしょうか。花のようにとはまさしく［後に芽吹く」種ではなく、記憶にも残らないことなのですが、それは真でしょうか。［むしろ］私たちが生と呼ぶものは、不断の運動、希望と不安の騒めきなのではないのでしょうか。身体には痛みが、魂には悲しみがないでしょうか。死はこれらのことの終わりではないでしょうか。生は完成されず、その目標に到達することはなく、吸引する深淵に私たちが沈み込むという話し方は暗澹としており、不安を呼び覚ますものではないでしょうか。ちなみに、生の目標とは、生の意図が解明されることです。これにたいして、吸引する深淵とは生がそれ自身への愛とともに私たちに啓示される場ですが、そのさい愛なくして生は考えられません。その愛は不滅であると思えます。［ですが私たちの時代には］生の奮闘努力の全体がそれ自身不安、動揺のなかにあるように思えます。生は非和解的な敵の腕のなかに、すなわち死の腕のなかに自身を投げ込むのです。

なるほど、そのような［私たちの時代の］思考によって頭を混乱させ、心を締めつけてはなりません。つまりその思考は恣意的ではなく、動くことのない冷たい死体や暗い墓、祖先の記憶の考察を私たちに強いるのですが、そのことで混乱したり締めつけられたりしてはなりません。人間の彷徨やその終結、彼の内面の動き、彼の詩やその眼に見える起源への努力を真剣に考察する人は、人間の生と死が彼の誕生と同様に隠された秘密であること、そうです、人間全体が不思議な、暗くとらえがたい物語であること、その物語が自己自身を考察し考量できる特別な長所をもつように見えること、知的理解に向かうのではなくたんに不安に向かう考察・考量という長所をもつように見えることは否定できないでしょう。今私たちが自ずと、私たち自身についてのある種の認識、私たちの条件についての認識を抱いてきたこと、私たちが生と死を理解することを誰もあえて主張しようとしないでしょう。それ以上に、私たちが私たちの時代のように、自分たちが自分たちの無知を忘れるために啓蒙されていると呼ばれる時代のように、熟慮する精神、すなわち大衆との関係で賢人といわれる人々がこれらの問題で語るとしても一致するところがなく、動揺している時代はないことは私たちにはわかっています。つまり、私はおそらくこの時代が正しくないとしますが、「いずれにしても」時代はおそらくじっさいに、先の「人間とは何かという」重い問いなど根拠づける価値もなく、不安に思う価値もないという啓蒙に到達しているのです。

たしかにこのことが考慮されるべきであるのは、この部分でほとんどすべての人々があまりにも無関心で思い悩むことがない状況を見るからですし、あまり身を入れることも思い悩むこともなくこれらの問題を語るのは、聖職者層か個々の作家たちだけだと気づくからです。ちなみに前者が語るのはほとんど公職の場でのことですし、後者が語るのは名声をえるためです。しかしながら私たちはみな、そのような啓蒙には年輪がないし、年輪を重ねることもできないことを知っています。というのも、生が死のなかで消えることは、生きている者にも死んだ者にも知ることができないからです。生がこの此岸で墓の上にあるなら、それは各人の死によって経験されます。この「墓の上の」生を、後を生きる人々に授けることはできます。しかし、無があるとすれば、死んだ者に生は意識できないということだけです。無は何ものでもありませんし、見えるものでもないのです。

いったい、この部分で「死という」人類の安息がどこから来たのかといえば、安息が墓の状況についての啓蒙からはじまるのではないのですから、賢者の一人が死にたいして語ったさいの理由によらねばなりません。つまり、「私が存在するかぎり君は存在せず、君が存在する場合には私は存在しない。だがいかに人間がこの仕方で満足できるよう慣習づけられねばならないのか、熟慮し思い悩むに価する」と語ったことことによるのです(3)。

［ともあれそうなると］人間は、［本来の］生のために生を愛することを止めねばなりません。彼は便宜のためにだけ生を愛さねばなりません。つまり生が外的な事物によって社会に与える便益のためにだけ、［換言すれば］世界の享楽のためにだけ生を愛さねばなりません。この享楽は人間の死において終結するのです。人間は生それ自身に無関心なのです。したがって、生の条件をめぐる不確信のなかで安息を迎えるであろう人類は［生の］評価において内的なものを越えた仕方で外的なものを置き、魂を越えた仕方で身体を置くにちがいありません。まさしくそのことで、死による無化の明らかな確信をえるのです。というのも、身体が失われ、追い払われることは端的に経験なのですから。

**［世界の享楽と苦悩をめぐって］**

さて、私たちがこの内心の状況を、祖先が私たちに委ねた人間の価値という目標にしたがって、そうです、私たち自身が証明する人間の尊厳という目標にしたがって判断するならば、私たちはその状況を、自分たち自身が無口な動物へと格下げされたとしなければなりませんし、私たちが人間の内心の状況をさまざまな動揺のなかで考察しようとするなら、それを嫌悪しなければなりません。というのも世界の享楽を主要な問題とする人類は、私たちが背徳と呼ぶすべてのことがらに身を委ねるにちがいないからです。なぜなら、一方で私たちは内面的なものを超越した世界や身体の神格化を根本的な誤りと呼ぶからですし、他方で外的諸事物は有限なものであり、また、多くの人々（?）には肝心なものとして保持されないからです。こうしてまたじっさいに、［人々の］一般的な努力や我慢が身体的事物にかかわるか、それとも身体的事物の享楽にかかわるか、そのどちらかに密接にかかわること、大多数の人間が彼ら自身の身体の奴隷であるか、それとも他の人々の身体の奴隷であるか、そのどちらかであることは、私たちの時代にも見られます(4)。そうしたことを私たちは知っています。ですが、それだけではありません。私たちの聞くところでは、様々な人々がこうした努力や辛抱を告白し、認めているのです。肉体的快楽に身を委ねることが、明らかに私たちの時代のことば使いでは生きること、貪欲さを掻き立て、嫉妬を抱くことといわれ、そのことが自分の［個的な］生存を保障するといわれています。こうした努力や辛抱もまた私たちの聞くところです。

はっきりしていることですが、人類がこの思考様式を保持し、その遺風が継続されるなら、本来的な意味での諸国家の存在は終焉を迎えねばなりません。というのも、個々人の利己が［人類生存の］必然的径路となり、人類［の結びつき］は解消するか、鉄の輪によって締め付けられ、圧迫されるからです。［こうして］学問的営為のすべては苦しみに耐えねばならないことは明らかです。というのも一方で内面的生への愛を養い、困惑や苦悩を引き起こし、先の身体の享楽を妨げるにちがいない諸思想に覚醒することは、精神的努力にあって惨たらしいものであることが察せられるにちがいないからです。そのような諸思想は一方で時間の面でも［身体］器官という面でも身体的喜びを奪い取るにちがいないですし、他方でそうした身体の奴隷状態により内面がひどく鈍化するにちがいありません。そうした諸々の快楽が奴隷的状態になることで身体は過度に消耗し、その結果、真剣な魂の努力は恒常的に不可能となり、最終的に不信仰の専制政治が、希薄なつながりのなかで展開される専制政治が、精神の弱々しい表現の最後のものを圧迫するのです。

こうしたことはすべて間違っていません。というのもそれは、私たちが人間の地上の生がしたがっているとみなす法則からの必然的帰結だからです。過去の時代の経験もこのことを立証しますし、現代の考察もこのことを明らかにしています。問題はたんに、人間［の内心］が依然としてこうした状況に該当するとして、それは苦悩に他ならないのかどうか、つまり生の条件についての真剣な省察が生ぜしめる苦悩に他ならないのかどうかです。もし私たちが、この苦悩は仕方のないもので無益であるとわかっているなら、あるいは私たちがその苦悩を突き放して距離をとることで、それを紛らわしたり、緩和したりできると知っているなら、そうした［苦悩かどうかの］問いには端的に「はいそうです」と答えるにちがいありません(5)。誰もあえてそうしようとは思わないのですが、「はいそうです」と答えるにちがいないでしょう。人間たちには、「我々は明日死ぬのだから、食わせてくれ、飲ませてくれ」と語る権利があるということでしょう。ですが、［本当に］そうなのでしょうか。はじめに私たちは、今ふれた苦悩を一掃できるのかどうか問わなければなりません。私たちははっきり「はいそうです」とは答えられないでしょう。ですがきっと私たちは、きっぱりと「いいえちがいます」と答えることもあえてしないでしょう。こうして苦悩を楽しむことが私たちにはできるのです。様々な仕方でできます。ですが、この苦悩からの刺激を避けることができるような人間はほとんどいませんでした。自分自身と向き合う時間があれば、その苦悩が心の周りに陣取り、その心を恐ろしい力で襲撃し、圧迫するのですが、このことを防ぐことのできるような人間はほとんどいなかったのです。

とはいえ私たちはここではそうした［苦悩を楽しむ人がいることの］可能性は認め、第二の問題を考察することにします。つまり、その人がはたしてそのことで苦悩を避けることができるかどうか、あるいはより多くの苦難を緩和し、小さなものに変えられるかどうかという問題を考察します。ここで私たちは、この問題は少なくともその人自身には課せられないと答えねばなりません。というのも、彼は息をしながら何かを愛するからです。彼は、内面的にも外面的にもダメ人間にすぎないとしても、そうすることでしょう。そしてその人が何を愛そうとも、その状態をつくり、保持することはその人の力、すなわち人間の力によるのではありません。したがってまた、苦悩を避けること、あるいは苦悩がどれほど大きなものになるかを考量することも彼の力、人間の力には依存しません。さらにこうした苦悩が除かれたり楽しまれたりすることで、何事も敢行されないのかどうかを問うなら、私たちはそのことを否定することはできません。むしろ［何事かが敢行されると］肯定するにちがいないのです。

**［苦悩の意義と神の平和］**

［ところで］私たちは、少なくとも私たちの意識が死によって消滅することが理にかなうこと、同様に、意識が残存し続けることも理にかなうことを知っています。さて後者の場合、何か恐るべきことがありうるのかどうかが問われます。もし私たちが世俗的に先に述べた苦悩を避けるためには、現存のもの、つまり身体と外的事物において私たちの生を感じ、私たちの憩い求めることだけに努力しなければならないこと、このことがたしかであるなら、私たちが身体や世界と区別されたものとして自分自身を意識する状態がおぞましいものに思えるし、実際におぞましいにちがいないこともまたたしかです。私たちがここで愛するものを失った時に感じる苦悩はたんに、私たちが愛したものすべてから永遠に離別されているとの意識によって抱かねばならない苦悩のかすかな予感にちがいないでありましょう。

なるほど、先の苦悩や困惑が、私たちに可能なことを確実にする、すなわち彼岸を啓示できるものを確実にするのなら、その苦悩を除くことは危険にすぎます。このことにかかわって私たちは、私たちのなかに良心と呼ぶようなものがなかったとすれば、何も自分自身について知ることはなかったでしょう。しかし、私たちすべての内面に未解明の声が聴かれ、それが私たちに生の条件について配慮するよう命じます。なぜならその苦悩は、私たちが求めうるものと憎しみの対象としうるものとの離別を告げ知らせるからです。すなわちその離別は、それにしたがうなら魂の苦悩を緩和し、否定するなら不安を呼び起こし脅威を与えるのです。そうした離別が告知されるのです。ここから私たちは、良心の命令に由来する苦悩を除くことはたしかに危険にすぎること、そしてその苦悩はそれ自身の医師でもあることをともに学ぶでしょう。

こうしたことすべてにあたっての結論は次のようなものです。すなわち、私たちの保持する最良のものに配慮し苦悩を感じることが、そうです、私たちだけが、それによって存在するもの、すなわち生とその条件にたいして配慮し苦悩を感じることを適切と呼ばれねばなりません。同時にまたたしかなことですが、この苦悩は、世界にある諸事象にたいする膨大な量にのぼる［具体的な］苦悩に、まさに我々を離れることのないものにたいする［具体的な］苦悩に置き換えられてはじめて避けることができます。私たちはその膨大な苦悩をある時点で取り除かねばならないのです。たしかに、その大いなる苦悩は、その根拠である良心を拒否しなければ不可避です。この良心にはその対極に身体がありますが、しかしその身体が朽ち果てるがゆえに、良心が消えていくというのは理にかなっていません。良心が持続するとして、［身体から］分離した魂が苦悩に沈まねばならないというのはまったく理にかなわないことです。

しかし、こうしたことだけにとどまらないことを私たちはみな知っています。このことを私たちが私たち自身に隠しておくことはけしてできなかったのです。つまり私たちと同様に生きいきとし、分別のある人間たちがいたし、私たちには多くの面で諸々の先駆者がいたのです。その人間たちは、生の条件についての啓蒙が可能であったし、その啓蒙を保持していたし、人間の起源を周知し、人間の時代を知っていたと証言しました。彼らは墓の向こう側について聞いた経験があり、地上の生の日々にあって世界を愛し、彼の内面的生を思い煩わず、良心の声を聞かないような人それぞれを待ち受ける諸々の困難や不安があると証言しました。彼らは、今を煩う人々は幸いである、彼らは慰められるだろうからと聖なることばで証言したのです(6)。彼らは、生きた聖なる正義の神が私たちを支配していること、私たちは神の仲間であるが、そこから私たちの精神が離れ出て、妄想のうちにあることを証言しました。祖国に集結し、神への帰順を切望することが魂の苦悩のもとでの人間の使命であること、重たいが神聖な探求を無視する人々が彼らの心の欲望を満たすことで厳しく罰せられること、すべての喜びと幸いに満ちている神から身を遠ざけることで厳しく罰せられることを証言したのです。［ちなみに］その罰とは栄えある力をもつ主が顔を永遠に背けることなのです。

それらの人間たちは、つらく無慈悲にのしかかる苦悩や困惑がすべて不思議な仕方で取り払えること、だが他方で、このさいの苦悩の疫病はすべて、不信仰の心を取り囲んで陣を張ると証言しました。彼らは、世界に由来する苦悩は死に帰結するが、神にちなんだ苦悩は悔やむことのない回心の恩恵に帰結すると証言しました。彼らはこれらのことを証言しましたし、私たちはそのことを知っております。多くの人々は、そのことが口から出まかせの空しいことばではなく、冷酷な考えでも弱々しい影でもなかったことを事実で示したのです。彼らはこの困惑に苦悩し、そのために大きな外的困難を抱えましたが、しかし希望という輝かしい兜を着けて頭をもたげ、しかも彼らの心には、彼らが神の平和と呼ぶような平穏が宿ることを宣言しました。そうです、死すなわち生の敵が恐ろしく切迫していしても、彼らは頭をいっそう高くもたげ、その解決がしだいに進められていくと語ったでしょう。最後に、それらの人間たちは、この光とその力が彼らに由来するのではなく天にます主によると証言しました。その光と力は人間のことばで響く主のことばによって贈られたのですし、主の精神によって贈られたのです。主は人間たちの精神によって、人間たちが神の子であることを証言したのです。そうです、この［人類という］仲間は地上においてまだ死に絶えてはいません。たとえその仲間が同じように語り、同じように信仰を表現することのまれな男たちや女たちであっても、私たちはまだ［死に絶えていない］この［人間の］仲間に出会っているのです。

**［再内奥からの呼びかけ、ことばへの彷徨］**

ところで、私たち自身の最内奥から、過去から、私たちに呼びかけるものはいったい何でしょうか。日常の起源が君たちに限界として隠されているのなら、この［再内奥に呼びかける］ものなくして、君たち自身にたいして、君たちの正しい自己にたいして、自分自身を感じ、考え、観想する君たちのなかの自己にたいして、不思議ですばらしいものにたいして、苦悩することを教えるでしょうか。私たちはこの［呼びかけの］声を聞くべきでしょうか、それとも私たちは私たちをとらえる感情を拒否し、真剣な思考から脇道にそれ、私たち自身の像から眼を背けるべきでしょうか。このことを自分自身の危険を賭して誰がしようと望むでしょうか、誰があえてするでしょうか。私はこのことを生の条件の真理を語るためにあえてしませんし、しようとも思いません。しかし、それゆえに私は真剣に思い悩み、苦悩を引き受けることを学んだのです。［本来なら］私は深い知恵を洞察していなければなりませんが、そうした知恵は、私が［みなさんに］お約束することではありません。私はただ私が知りうること、知っていることを話すでしょうし、魂の苦悩にあって私の一部になった光と［精神の］力、平和について語り、同じ光や力、平和を所持したいと願う人なら誰でもお招きするつもりです。探求のために、私が神と彼のことばのもとでそうした［光や力、平和のような］ものを見つけた場にお招きするつもりです。

そこでそうしたものを見つけたいと思わない人は誰でしょうか。彼は自分自身の道を彷徨しますが、しかし、彼は、真理への愛を引き受けなかったということ、このことを知るにすぎません。というのも、真理を愛する人は、最も嘲りを受ける書物の最も素朴なことばにおいてであっても、真理を見つけることができる自らの喜びを保持するからです。そのような書物である聖書が地上における真理と力の源泉であり、その光の源泉であること、そこに向けて私は彷徨します。それらにつきしたがおうとする人々とともに彷徨します。このことをそれらの人々は知ることができるし、知っているにちがいありません。というのも、私は神のことばの従者ですし、まさにそうであろうとするからでして、次のこと以外に真に生の謎を解く道はないと知るからであります。すなわち、神が私たちに永遠の生を与え、この生は［イエスという］神の息子に宿るので、その息子を抱く者は生を保持し、その息子を抱かない者は生を保持しないと知るからであります。

もし私がまともに聖書を開かずに、その信仰をもち続づけるとするなら、そのことは、当の書物が知らないし、私に教えなかったことを私が保持するからという理由ではありません。勝ち誇った仕方で時代を魅了し、私自身の不信心など織り込み済みの［その書物の］ことばの力を私が疑っているからでもありません。私の著作を読み、教会で私の説話を聞いた者は、私が世俗的な知恵による説得のことばを退け、キリストの福音に恥じることなく、その隠れた力を信頼することを知るからなのです。ですが私は、当代の自惚れの強い人々が誤った空虚な思想によって人々の心をどのように混乱させたのか、彼らがどのように人間の最内奥を隠したのか、彼らがどのように虚偽と真理を混同したのかを知っています。聖なる諸著作とようやく今明らかになった［世俗的な］諸々の真理とは矛盾するのですが、そのことを彼らがどのように私たちに想像させたか、彼らがそれら諸著作の明快な意見をどのように混乱させ、難解にしたかを知っているのです。

これらのことがらを私は知っています。［人間の］理性は、神と彼の居場所の理解から隔てられ、部分的なあり方［の認識が］除かれたさいにだけ浮かび上がる完全な認識から隔てられてはおります。［しかし、そこに］程遠いとしても、長い径路の上に歩みを進めたことを私は知っています。ですから理性は、以前よりはるかによく真理と虚偽とを区別することができ、私たちの最内奥ではるかによく自己を理解し、天からの啓蒙に向かう理性の衝動をはるかによく認識できるのです。これらのことがらへの確信は、私がここで語るように駆り立てます。すなわち、まず最内奥の眼にくみする人間についての私の思想を明言するよう駆り立てます。その人間が精神的なことがらにおいて人々を案内するという私の思想を明言させます。次に、いかなる条件において神のことばが闇を照らして明らかにするか、いかなる見解において神のことばが理性と啓示の一致する真理でありうるのか、これらのことを示すよう私を駆り立てるのです。

神が望むことですが、これらのことがらについて私はできるかぎり単純明快に語ります。というのも万事にかんし真理は真理を愛好し、そのことで内心を開き、注意深く耳を傾ける人々にわかりやすく明言されなければなりませんし、そうできるからなのです。私はそのことを茨の垣根を挟んでのたたかいで知りました。ちなみに、我々の時代の大多数のいわゆる哲学者はその垣根を真理の城と呼び、それを塀として用いたのです。［ですが］それらの城は、自慢の種にするか、身を隠して幻惑するために多くの自家製のことばに、つまり世界のいたるところから徴用したことばに覆われていて、たんに妄想であるにすぎません。すなわちその妄想そのものは、ものが見えていないからなのです。ここで［ともあれ、］私はこれらの自惚れた思索家の誰ともここで論争を続けるつもりはありません。肝心なのは、私だけが真理を前に進めようとしますが、それらの思索家は虚偽の保持にとどまろうとすることです。しかしながら、それら思索家に由来する妄想的見解は、それ自体として私が彼らと争おうとしている人々の大部分に植えつけられたのです。といって私は、誰が彼らの父なのか、その父が彼らを［現在の］この姿に成長させたのか、といったことに注意を払いません。私のこの配慮は肝心の問題のためでもあります。つまり、私に耳を傾ける人々すべてに私が正当に期待し、要望する知識は、私のお話を理解し、判断する知識に他ならないからなのです。

以上、私は人々を彷徨に招待しますが、何がそのような彷徨に私たちを導くのか、私は簡潔に言明しました。私は自分が姿を現す道を示しました。今、私は愛や力の神に、真理の父に乞うさいに恥じ入る者ではありません。その父は自身の要請を私たちの請願に交えます。ですから、これらの「ここでの」お話によっても、生ける神が敬われねばならず、神の国が広がり、私たちの心のなかで確信にならねばならないのです。

# 第二章　感覚・感情と想像力

イエスの名を祝福して

## ［考察の端緒としての感覚］

［さて、］私には話す喜びがあり、みなさんには聞く喜びがあるのですが、その場合みなさんにお願いしなければならないことは、生の暗く不分明な説話を理解する内面的苦悩であり、真理を引き受ける誠実な意欲であり、真理を知るシンプルな眼です。これらのことがらはひとりの人間がもう一人の人間に与えることができないものですし、それらのことがらの抜けた真理の説話は私たちにとって貧しいものであり、慣れない舌遣いによることばとして私たちを徹底的に危険に晒すものです。その舌遣いの調子を私たちは認めることができますが、その意味は私たちに隠されているか、せいぜいその調子が私たちの思考の戯れに役立つ程度のことで、すべてこうしたことのために私はしぶしぶ舌を動かすことでしょう。けっきょくのところ、物事はありうるようにあるのですし、私の義務は、ことがらを適切に語ることであり、それがどのように聞かれるかはみなさんの問題になります。そのことで私には主［である神］に仕える私たちの仕事は無駄ではありえないという揺るぎのない確信が強固になるのです。

［ところで、］人間を考察し、人間の条件を反省するために、私たちは私たち自身のことを取り上げるでしょうが、そのさい、まず観取や思考の器官について、つまり、私たちがこれらのことがらいついて何がしかの知見をもち、お話する原因になるものについて簡単に問うでしょう。私たちの外面の姿やすべての外的なものが、私たちが感覚［器官］と呼ぶものによって私たちに知られるようになるのは事実です。［とはいえ］私はここでこれらの外的器官、つまり人間の身体的構造についてお話しするつもりはありません。というのも、私にはこれらの外的器官について他の方々がおもちの知識以上のものがないからです。さらに、人間の概念や表象のすべてがこれらの器官を通じて生まれ成長するとたくさんの方々が考えましたが、私はそのようなことについてお話しするつもりもありません。私は、私たちの内面的なものもまた外的器官を通じてそれ自身のイメージや概念を受け取るかどうかをついでに問うだけです。そこで私はすべての人々が、いったい私たち自身の内部に私たちが生と呼ぶことのできるものを越え、それを凌駕するものがあると認めねばならないことからスタートしました。それなくして私たちの感覚は無意味です。私たちが私たちの内面で精神的生と呼ぶようなものの本来の基礎を担わねばならないといっても無意味なのです。

しかしながら期待してよいことですが、外的なものと内（面）的なものとは同等でなければなりませんし、それらのものがつねに互いに作用しあっているのですから、一方のものはある仕方で他方のものに対応しなければなりません。それゆえ私たちは正しく、後者の内的なものを［前者と］同じ名称を使って感覚と呼ぶことができます。なぜなら感覚することが意味するのは身体活動のすべて

〔1〕、私たちがそれによって知見や概念を受け取る活動のすべて、そうです、印象という［内的］受入れすべての表現だからです。同様に、ことばもまた私たちが受入れるであろうもの、すなわち真理と、観取ないしは視覚である私たちの最良の感覚との協働によって生じるように思えます。ちなみに、観取ないし視覚は感覚の全体を表現します。［これにたいして］ことばは真なるものを見るように聞き取ることと思われます。

**［想像力について］**

さて、私たちが内的感覚はどのようなものかを問うとしますと、私たちがたしかにその数では一致するだろうと私は考えます。近年の動向では内的なものは、取りまとめる必要はまったくないとされるかのように、多くの部分に切り刻まれさえします。私たちはたしかに、理性と知性、感情能力と欲求能力、想像力と記憶、趣味と快楽、そうしたものすべての説話を聞き、そうしたことについて議論で争う必要はないと聞いたことがあるでしょう。［ですが］私が思うに、五つの外的感覚は内的感覚がそうであるように、本来的には三つにすぎないのです。私は外的感覚がそもそも三つにすぎない、すなわち視覚、聴覚、触覚にすぎないと主張します。というのも、味覚と嗅覚は外的触覚のごく微細で洗練された表現にすぎないからです。

そもそも私たちには三つ以上の外的感覚があるのかどうか、味覚と嗅覚は外的触覚の究極の華と見ていけないのかどうか、こういった問題にかかわって、私は感覚をその価値にふさわしく評価したいと思います。しかし、私たちが視覚、聴覚、触覚と呼ぶ三つの感覚がいずれにしても最重要の感覚であることは間違いありません。というのも、味覚と嗅覚はたいへん弱くなり、たしかに純粋に消えてしまうことがあるのを私たちは知っていますが、その理由で、人間は精神的職業である聖職に比べて［感覚を重んずる］世俗的職業に長けておらずまったく無能というようなことはないのです。

ここで私たちは内的感覚について問うてみましょう。すると私たちには視角、聴覚、触覚に対応する三つの内的感覚があるだけという言説に私は抗うことができません。視覚に対応する内的感覚は、私たちが想像力あるいはファンタジーと呼ぶものであり、これら両方はそれぞれのことば遣いで同一のものに言及しています。私たちが私たち［人間］独自の対象を考察するなら、想像力は、私たちが何ものかを想像し、そのものの像を受け取り保つ能力でなければないことがわかります。ちなみに私は文中で、「想像」や「想像する」ということばを「詩」や「詩作する」ということばのように用いるとコメントしておきます。［いずれにしても］そうした想像力やファンタジーは民衆の口元ではナンセンス、つまりそれらの能力の誤用と見られ、それらの内にはない意味が、つまり虚偽という意味が与えられていることでしょう。

［じっさい］私たちはこのことに気づいています。たとえばルターが、私たちの想像がなされる［ドイツ語の］「アインビルドゥンク（Einbildung）」ということばをどのように使ったかを見る場合に気づいています。というのもルターは、民衆が自分たちの内に真理を形成する、想像するだろうという願望をごく頻繁に表明しているからです。［もちろん］私たちが私たち固有の［デンマーク語］表

現で意志するときに、このことに気づくでしょう。というのも、じっさいルターは私にあれこれのことを想像させると語ることを私たちは知っています。もっといえばルターは私に想像させる、あるいは［私］自身に想像させると語ることを私たちは知っているからです。私たちは真理でないことをいつも［いわば主観的に］考えているのですが、それでも私たちは、ルターが私に虚偽を想像させようと望むとはいいません。想像し虚言を吐くことははじめから明白ではないことを示しています。むしろそのことは、私たちが想像力をひとつの能力と理解することからいっそうはっきりわかります。［一方で］その誤用は簡単で、頻繁に行われるのですが、しかしそれでも［他方で］あらゆる精神的活動に従事するさい不可欠な能力と理解することからいっそうはっきりとわかるのです。このことにかかわってここではお話しします。なぜなら、私は以下でその［想像力という］ことばを無記なものとして中性的に使用せざるをえないからです。そのことばは、その方向によって良いものにも悪いものにもなる内的な生表現に気づくひとつ［のことば］なのです。

**［ことば遣いをめぐって］**

なるほど、ことばはお金のように通用するといわれます。ですが今、［ことばという］ひとつのお金が愚かにも、その正当な内実に対応しないような価値として出回ったとするなら、その［正当な］価値に基づく特性を回復し、その貨幣をその価値にしたがって使用することは適切といわれねばならないでしょう。この立場から私がここで詳しく私たちのいいまわしを考察するとすれば、不適切でやりすぎでしょう。［そうした私の自制］にもかかわらず、多くの人々が私の語り口を無理やりで牽強付会とみなします。なぜといって私は我が国の著作のなかにあるいくつかの忘れられたことば、あるいは廃れたことばを足場にして、食客たちに玄関口を示すか、あるいは戸口からうまく外に出るよう指南するからです。ですから私が［弁解のために］このことについていくらかことばを費やすことは適切です。ご承知のように、この二〇〇〇年のあいだ、諸々の宗教書にあって、たくさんの外来語を用いる慣習が生まれました。こうした書物はたくさんあります。とくに人間の内的条件について書かれている場合がたくさんあります。なぜなら、その主題にかんする唯一のデンマーク語著作は［外来書の］ただの受売りにすぎなかったのですから。そうしたことを私たちは承知しています。

このことにかかわって、この半世紀余で書物は洗練されてきたのですが、人々はたいていごくぎこちない仕方でふるまいました。諸々の外来語だけを注視し、それらのデンマーク語化が試みられましたが、いわばイザヤの手であるだけでなくヤコブの叫び声でもあることがまれでないことはきちんと考慮されませんでした(2)。そしてほとんどいつも、それらじっさいのデンマーク語が新しい構文においてそれ固有の意味を守り続けるかどうか、あるいはそれらがデンマーク人の耳にフィットするかどうか問うことは忘れられました。同一のもの、あるいは同類の思想を表現するように思えたことばが区別されはじめましたが、他方で分別があり鋭いスポロン(3)は聖書や他の古い書物と相談し、ちょうどドイツ人のように、しばしば理解できない大多数の類義語ないし対応語を区別しました。最後に、それらの書物から日常会話で用いられている多くの用語が除かれました。それらは下品なものと呼ばれて、同じことを意味する他のことば遣いが発明され、当てられたのです。

こうして、我が国の大多数の書物が、とくに原理的、哲学的といわれる書物が威厳を帯びるようになりました。その威厳によって、それらの書物は普通の人々との和やかな結びつきをすべて禁じられたのです。古いデンマーク語を理解して、母語で正しく人間的なもののすべてを語ることができた者は、同時にデンマーク語本と呼ばれるものを理解するのに新しい用語を学ばなければなりませんでした。ですがそのようなことはやはり酷いことでもあり、不適切なことでもありました。というのも、［デンマークには］とくに外来のものと混合せずに詩人や歴史家、医者には便利なツールとして発達した用語があるからです。そうです。そのことにかかわっていえば、聖書の全体が一五〇年前に流暢に翻訳されているのです。そのことば遣いが、デンマークにあるものを表現する他の用語と対比して無用ということはありえません。このことがまさしく、人間全体についても人間の条件についても、ともに当てはまるのです。

既知のことがらについて、通常の語り口では主観的思い込みが説得的に述べられないので、その語り口とは別のことばを使うというのは正しくありません。その［別のことばによる］証明は十分ではありません。これに反して、自分の見解をいっそううまく表現するさいに、以前の時代のことばか、本物のデンマーク語に由来のことばが使われます。というのも、別のことばの聞き違いや間違いは［誰にもわからず］決められないからです。真のデンマークのことばが本物のデンマーク人の耳に酷いものに響くとすれば、そのことばは先のような［外来の、あるいは外来ものとの混ぜ合わせによる」ものでしょうが、その誤った使用にたいしては勇気をもった論駁が必要でしょう。同類の関係にある言語あるいは親密な関係にある言語についての見解を区別することは、きっと無益ではありませんし、些細な研究でもありません。しかし、そのために必要なのは内面の眼や内面の経験、古い形態の言語の知識です。ちなみにこの古い形態の言語は、わが国の諸々の言語研究者のあいだでもいまだに一致した意見がありませんし、いわんや言語を自分たちの［主観的な］所有物と見なし、言語それ自体［客観的なもの］として扱うことができない他の著作家たちにあって意見の一致があるはずがありません。強く迫られることですが、私は、私のことば遣いを新しく［統一］するのに何が必要なのかにかかわって確信がなくても、多くの［諸言語の］バラバラ状態の酷さとその正しいあり方を、つまり一定のお話のなかで他の［バラバラでない］あり方の必要性を洞察することはできます。そこで誤解が恐れるに足りないなら、私はこの洞察にしたがいます。私は、その理由づけを公にする時間がまったくありませんので、多くの人々に気まぐれとみなされ、そのことに躊躇しますが、しかし我慢しなければなりません。そして私は反省能力と意志をもつ人々がきっとその理由づけにしたがうだろうと自ら慰めねばならないのです。これにたいして私がこのお話で一般的見解と異なっているとすれば、それがなぜなのか簡潔に語られねばなりません。というのも、そのことは思考過程そのものと結びついているのですから。

**［感情、想像、概念］**

こうして私は「想像する」や「想像」といったことばによってことをなしたでしょうし、そうしなければならなかったでしょう。なぜなら私は感覚としての想像力によって、諸々の表象をもつ私たちの便宜の全体を理解するからです。ここで一般的に分けられているものの一つが、すなわち想像力と記憶との区別が解明されます。私たちには、それらが相異なる二つの能力ではなく、記憶がたんに前者の一部にすぎないこと、より正確にいえば、かなりわずかではありますが、記憶が制約度の高い想像力の表現であることが簡単にわかります。すなわち外的視覚、外的観取、外的に観ることは想像力の最も制限された表現なのです。それゆえ、観取にあって事物は身体的でなければならないし、空間においてある程度接近していなければなりません。記憶の援用によって、私たちは事物を何らかの距離で思い描くことができます、もはや存在するとはいわれず、過去に消え去ったものでさえも思い描くことができます。そうです、たんに私たち自身の内に思考や感情としてのみ継続する事物ですが、それらは外的感覚に、あるいは私たちの内部に一度は受け入れられたものなのです。

これにたいして、想像力の最高の表現は私たちが一度も内的あるいは外的に受け入れたことのないものを表象するような場合、すなわち、外国やはるか遠くの人々、見えない出来事、事物の不可視の条件といった見えないものすべてを表象するケースです。ここで記憶の度合いが異なるものについて、そうです様々な種類の記憶について、想像力の最高の表現における大きな差異そのものについて、私たちはたくさんの意見に遭遇します。しかし、それらの意見は主要問題について私たちを案内するでしょう。つまり、私たちが詩情を抱き詩作するような場合、その場で最も際立ったことがらを受け止めているのです。そのさい十分に、外的視覚つまり観ることとから、最深できわめてみごとな詩人的視点にいたるまで、表象の器官であるものすべてが想像力ということばによって最良に示される主要部分、人間の唯一の主要部分であることを私たちに洞察させるのです。第二の主要部分はすべて感情と呼ばれます。というのも、外的接触がこのように呼ばれますし内的接触もこのように呼ばれるからです。そうです、私たちは印象ということばをほぼ独占的に内外両方の感情の表現を描くために適切に用いるのです。なぜなら、私たちは想像力をつねに何がしか距離あるものとの関係で考えますが、それと同様に、感情をつねに近接するものとの関係で考えるからなのです。

たしかに感情の諸々の表現は印象の強さやその他の条件を考慮して区別されねばなりません。ですが、私たちが印象を受け取るものすべては同一の感覚、すなわち感情になるのです。とはいえ、ここで簡単にふれなければならないことがあります。それは私たちが予感や内的味覚と呼ぶものです。というのも、これらは嗅覚や外的味覚に対応し、そのゆえにまったく正しく感情から区別可能と思えるからです。そのことはちょうど味覚がじっさいには知性だと評価されてきたこと、すなわち「他の感覚から独立し」それ自体単独のものとされてきたことと同様です。

予感にかんしていえば、それが感情に属し、それゆえにドイツ人の流儀にしたがって先行感情と呼ばれることは明らかです(4)。というのも、予感とされるものは多かれ少なかれ印象の受容に他ならないからです。このさい、その印象の原因は既知のものとしてほとんど認められないのですが、それでも、その原因を受容することに他なりません。「予感する」とか「予感」ということばは、こうしたことを表現するのにたいへん便利で、私たちは［予感される］ものの由来や類縁を後から考察して理解するでしょう。ある種の日常会話の場合、予感がするとはいわずに、私は霊感にとらえられるとさえいわれます。私たちはこの発言の正しさを疑うことができません。なぜなら通例では、通知することがらにそぐわないように思えることばが、この［霊感にとらわれた］場合には通知することがらと最内奥で結びつく仕方で見られるからです。私たちはそうしたことが起こるのを、ある部分はドイツ語学芸の「脚色」によってごく簡単に理解できます。さらにある部分はアイスランド語式に、古い書物で「精神」が「いたずら話」とさえ書き記され、多くの庶民のあいだでもなおそのように書き記されることから理解できます。すなわち、後者のアイスランド語式は［予感と］依然として用いられる霊感を与えることばとの混同を避けようとするところにあります。なぜなら、その話が［前者のドイツ語学芸のものと］同じことばであるとは見られないからです(5)。

こうしたコメントは空疎なものではありません。というのも私たちは外的なものにおける風と内的なものにおける精神とが相互に対応することを知っているからですし、嗅覚がまさしく風にまったく依存し、空気の名前を保持するのとまったく同じように、［風から］離れて類似の波動に依存する内的感覚は精神と名づけられるからです。味覚が感情に含まれるべきかどうかの決定は必ずしも明快でないでしょう。なぜならそのことは、ひとつの判断、したがって全く他の能力の発揮であるように思えるからです。ですが私たちが反省してみるなら、私たちにはたしかに、外的味覚が必ずしも根拠の意識と統一されていないように、内的味覚である趣味もまたそうした意識と統一されていないことがわかります。そうです、よい趣味をもついっそう多くの人々がその理由についてまったく語れないことがわかります。したがって趣味もまた印象の受容にすぎませんし、それが外的味覚と同様に諸感覚の境界にあるのですが、しかし感情に属するのです。

聴くことにほぼ対応する第三の感覚、より正確には最もありきたりの表現でもともと聴覚と呼ぶ第三の感覚を私たちはきわめて心地よく便利な知性と呼びます。私たちの内側で諸々の概念を受け取るすべてのものはこの聴覚に属するのです。ここには［受け取り方に］差異がなければならないこともまた単純明快です。ですがそのことをもって、聴覚と異なる能力を区別することは私たちには許されませんし、同じように激しい聴覚、重い聴覚、不注意の聴覚を別々の感覚にすることも許されません。というのも激しい内心は、そのような仕方で激しく注意深い知性等々にすぎないのですから。

こうして、これらのことがらが正しく、私たちの内的生にあるのが感情、想像、概念とみなされねばならないものだけであることがたしかだとすれば、私たちがこれら三つの内的感覚をもつにすぎないこと、つまり最終目的が外的なものの観取である三つの感覚をもつこともまたたしかなのです。

### ［自己感覚、理知、生表現としての感情］

何と重要なことがここで語られていることでしょうか。そのことはたしかに、人間の内面的生を何がしかの苦悩とする見解、つまりその生は自由に働くものではないとする見解と正反対に思えます。たしかに私はこのことに答える義務があります。しかし、このことにたいして十分に答えることはここでは早すぎるでしょうし、[答えたとしても]展開というより混乱になってしまいます。ここでは次のようにコメントすることでよしとしましょう。すなわち、人間は自分自身とは異なるにちがいないような何がしかのものから印象や概念、表象を受け取ることを喜ぶだけではありません。人間はまた自分自身についての感情をもつことができ、自分自身の概念や表象をもつことができます、つまり感情や表象、概念についての自己感覚、その感覚が意味しなければならないものについての感覚をもつことができるのです。ひとことでいえば、人間は、私たちがまったく確実と呼ぶものを感覚することができるのです。なぜなら、人間はたんに生きているだけでなく、自らの生を自覚しているからです。人間はたんに、表象や概念、感情の総集合を受容するだけでなく、それらを一体性において統合し、それらを活気づけ、尊重するからなのです。私たちが外に向かって、まとめて告げらせる力感溢れるお話をするのとちょうど同じように、内面のことばを発話できる私たちの内側に何かがあるのです。ちなみに外的なことばは、内面のこだまであるはずなのです。この[内面を]占めるものにたいして私たちが用いる表現が、思考[すること]なのです。同様にして私たちはこの能力を理性と呼ぶことでしょう。ともあれ、こうしたことをコメントすることで、ここではよしとしましょう。

さて、簡単に察知できることなのですが、私たちが理性と知性とを区別しなければならないのだとしても、それら両者は同時に話したり聞いたりすることとして不可分に結びついています。つまり、理性は知性に依存しますし、ことばが聞くことのなかに含まれるのとちょうど同じように、理性の判断は知性のなかに含まれます。理性は知性的に働くものだけを言明するのです。いっそうはっきりしていることは、探求のようなことがすべて前方へと進むことです。私たちは［こうした考察を］今回は、感情がすべての生表現の基礎であり、生の唯一の基礎であるとコメントし終わりにします。ちなみにこのコメントはこの場かぎりのものですが、しかし今私たちが参集している場よりはるかに広く流布しているのです。

ところで、私たちが人間を外的に考察するさいわかることですが、人間は視覚と聴覚を失っても、それでもまさしく生きていますが、しかし感情［の喪失］とともに生は消滅してしまいます。感情という感覚と他の感覚とのあいだには区別があると思えること、後者の感覚は［私たちから］離れたものとの関係であり、前者［の感情］は近接するものとの関係であることに私たちはまた気づいています。ですがそうであっても、感情はそれら両者の表現にとっての条件なのです。眼は近くに光がなければ見ることができませんし、耳は近くで音がしなければ聞くことができません。私たちが内的人間を考察するなら同様にわかることですが、［人間は］想像力と知性が消えてしまったものとしてありえます。それでも私たちは、人間は生きるといいます。ですが彼がもはや印象を受け取れないとするなら、私たちはその人を正当に死んだ人と呼びます。といっても感情もまた外的に完全に停止するまで、その人に生の輝きを認めることができるのですが。私たちはまた、想像力や知性が感情に依存すると認めなければなりません。というのも、生についての意識は感情にたいする刻み、感情への印象であり、感情がなければ生表現のすべてが考えられません。眼を開き、耳をそばだてることなく見たり聞いたりすることはなるほど内的なものについても外的なものについても不可能であります。［ですが］光や音による［感情的な］予感がなければ眼や耳が開かれないことはたしかなのです。

# 第三章　生とは何か

イエスの名を祝福して

**［生の理解のために］**

人間の特性について考察することが、前の［講義の］時間の私たちの課題でした。そのさい人間は私たちにとって意識をもち、特異な諸感覚や諸能力をもつ被造物として、すなわち自らの条件に気づき、諸感覚や諸能力をある種の目的とともに用いる被造物として存在します。今、人間とはどんな目的をもつべきなのか、この目的はどこまで達成できるのかを問うことは時宜を得ています。ここで私は人間が物いわぬ生き物たちと共有し、まったく正当に人間に最も近しい目的と呼ばれねばならない［神という］持続的目的について語るつもりはありません。なぜなら［人間の］生そのものはあらゆる生表現の条件、したがって、各々の［表現の］目的が無に帰することではないとすれば、生そのものはその目的達成の条件なのですから。これにたいして、この立場からする人間が保持しなければならない単純かつ最高の目的は、人間の生そのものを概念把握し理解することなのです。

たしかに、私たちが知るように、多くの人間がこの目的を保持しておらず、生存の個々の部分の連関を理解することで満足しています。同様に、外的感覚とそれらによって遭遇する事物、ある種の表象や概念、感情の連関を理解することで満足しています。彼らは生本来の条件について無関心であろうとし、たんに生の隠微な進行のもとで、どう喜ばしい感情を覚醒させ、どう不愉快な感情を遠ざけるかについて理解することを望みます。つまり、どのように前者を獲得して保持したらよいか、どのように後者を避け、あるいは除外したらよいかについて理解することを望みます。そうです、何らかの事物について知性による理解にまったく努力せず、この事物から顕著な仕方で与えられるものを、［知性以外の］他の感覚がそうするのとまったく同じように受け取る人々さえたくさんいます。そのさいそれらの感覚が厄介な問題をもたらすなら、それらを除去することだけに彼らの思考を専念させるのです。感情は生の基礎ではあるのですが、それとまったく同様に、私たちはここで感情がどのように生の主人であるのかを正しく洞察するのです。人間には、心［臓］が鼓動を止めるときに外的な死が訪れるのですが、それとまったく同様に、心が何もときめかず、その人が無と親和的になるとき、内的な死にいたります。無である人間が愛するようなことは不可能ですし、何がしかのものを理解するのに頭を悩ますようなことはできないのです。そうです、そのような状態は生の概念とは一致しないのです。

**［真理への愛］**

ところで、人間は自らが愛するものに専念します。たんにこのものにだけ専念します。人間の最愛のものは、その人の生においてその人の事業に刻まれます。その人が内面から出発するかぎり、その人が生にたいする彼の見方を創造するかぎり（?）、人間の最愛のものはその人の活動、事業に刻まれるのです。この真理にさいして、偏見や情熱、趣味、嗜好が私たちの眼をくらましますし、それらが大多数の人間の知性を支配します。私たちが経験を語り、また経験から知るように、そうした事態が生まれるのです。愛は一つの感情です。というのも、愛は私たちのなかにある基本感情の表現だからです、つまり私たちが感じる最初のものを愛するかぎり、私たち自身の内にある基本感情の表現だからです。［これにたいして］憎しみは、私たちが愛するものに敵対するとみなすようなものと私たちが遭遇するさいはじめて生まれます。ちなみに私たちが愛するものとは私たちの愛の働きであり、そのなかにすべての他の感情が含まれるのです。したがって愛は、私たちが生そのものを理解する意志をもつよう駆り立てるものにちがいありません。それは真理への愛です。ここでは真理の概念について、そして真理への愛について、私たちにそれらが生まれつき備わっているかぎりで多くが語られねばならなかったのでしょうし、さらに愛の諸々の程度について多くが語られなければならなかったでしょう。ですが、かなりよい［程度］のものがある場合には脇に押しやられ、ある場合は無視されることがあるかもしれません。なぜなら、真理を知ろうと努める者が真理を愛さねばならないことを私たちの誰も疑わないからです。真理が私たちに他の事物と同じように愛されているだけでなく、私たちに真理を探究する能力があるはずだとするなら、真理はあらゆる事物をはるかに越えて、私たちに愛されているにちがいありません。このことはたしかなのです。というのも、何かがその真理以上に愛されているのであれば、そのものは探求されるなかで遅かれ早かれ真理と一致しなくなり、真理にたいし私たちの眼をくらますにちがいないからです。

とはいえ今、ひとりの人間が真理の前に立ち、真理とともに、私はあらゆる事物をはるかに越えて真理を愛し、それゆえ内面において、私の生について、人間の不思議な生について知ることを望むとあえて語るとするなら、その人はどこに向かうべきでしょうか。真理を見つけ出すのにどんな手段をもっているのでしょうか。真理の友が、そのことに満足のいくように答えられないなら、内面の困惑とともに繰り返えさねばならない大問題、最重要の問題があります。つまり、その人が内側ないし外側のどこに向かうとしても、彼は少なくとも私たちの時代においては、彼自身の生の意識をもつことがなければ、確実な停泊場を見出すことはないだろうということです。「我生きる、〔ゆえに〕我あり[1]」、このことはその人にとってある種の真理でなければなりません。すなわち〔そうでないなら〕彼は真理を見つけ出すことが不可能だと宣言しなければなりません。そうです、彼は自らの感情と自らの生を否定し、そのことで自分自身が嘘つきにならなければなりません。なぜなら彼は感情という存在を告白しなければならないのですし、それがなければ彼は生を否定できないだろうからです。世人はたしかに狂気の人々がしているだけに思えるような話に答えることを馬鹿らしさと呼ぶにちがいありません。しかしながら、理屈好きな私たちの時代ではそうではなのです。というのもたしかに私は自分の存在を単純に否定した人を知りません。ですが、その一方で熟慮家たちが身体の現実性を否定したし、「現に」否定していることを知っています。そのことは難しいだけでなく、愚かなことでもあります。それは直接的で疑いえない感情にたいする挑戦、私たちが私たち自身のなかでつくる印象、すなわち私たちは外的にも内的にも存在するという感情にたいする挑戦も同様です。そうした熟慮家たちが、人間が足場をもちえた唯一の立場を傷つけるのは愚かなことであり、この愚かさについては多くのことが語られました。［たしかにそこでは］真理に連なる道は失われるのですが、こうした気まぐれは一般的ではないのですから、そのことへの言及は以上で十分としなければなりません。そうした気まぐれの空虚さはこれ以降自ずと明らかになるでしょう。

**［矛盾律をめぐって］**

さて、その人間が内的にも外的にも現実的に存在するという確信をもっているなら、その人はまた、感覚に属するものがすべて現実的であることを知っています。そこで彼ははじめて確固とした立場から、［個々人の］現存在の条件について根拠づけをはじめるのです。というのも、彼が他ならない自分自身の知性にある種の現存在を承認するとすれば、彼は聞くことで賢くはなるが、音声の現実性は否定する人になることでしょう。というのも、そうした知性は内なる耳であり、それ自体によっては無だからです。しかし、聞くことは真理の知識を聞いているのに十分でしょうか。あるいは［聞くことと真理の知識との］分離が必要でしょうか。人間にはその分離ができるのでしょうか。前者にかかわっていえば、人間は彼の現存在についての感情の確かな証言を、お望みならその感情の現存在についての確かな証言を聞くことによってえます。というのも、そのさい彼が理解するのは、ある誰かがその人の現存在を主張しているので、それと同一の見解のなかで、その感情が現実に存在しないと語ったなら、これらの主張はけっして一致せず、たんに一方だけが正しいということだからです。こうして真理と虚偽との不一致、対立がありうることがわかります。彼が自分自身の内で彼自身の現存在を疑い、あるいは否定する何がしかを聞いたという確信に虚偽があることがわかります。同一の見解において何がしかのことが存在しえ、何がしかは存在しえないという確信によって、彼は自らの探求をはじめるでしょう。この確信を私たちは矛盾律と呼びます。この原則がすべての分離の必然的な基礎であること、私たちが現存するという基本感情に依拠する思考の根本法則であること、このことについては疑う余地がありません。というのも、このことを否定しようとする者は、人は生きているが同じ見解のなかで生きていないと主張しなければなりません。彼ははっきり対立したものの統一の不可能性についての私たちの主張が、彼の正反対の主張によってはまったく崩れないことを認めなければなりません。そうです。彼は、彼の主張が主張でないこと、彼は自分が語ったことを語らなかったと認めねばなりません。何がしかの生も生表現も、現存するにもかかわらず現存しないと彼が考えたり語ったりできないことを認めねばならないのです。たしかにそうした考えによって混乱が生じるにちがいありません。そうした考えがなされる場は精神科病棟でしょうが、私たちの時代においては自らに、何が私たちの生と同じように確実であるのか、何が思考の必然的基礎であるのかを正しく明らかにすることはまったくもって必要です。そのことで生を解明し、真理を証言したいという人がしかし、すべての真理認識を真理としては不可能にしてしまうような場合、私たちは如才のない結論と仰々しいことばに幻惑されずに、私たちの確信を確固として保持し、さらに明かにそれと矛盾するものを拒否するでしょう。

**［私たちは本来自立的か］**

反省し熟慮する人間が自己にたいして向けねばならない第一の問い、そうです、たんに自発的にそうするだけでなく、それ自体ほとんど不愉快なものが強いられ、そうしたものを含んでいる問いは次のことです。すなわち、私たちは誰によって存在するのか、私たちは私たち自身で存在するのか、それとも誰かによって存在するのか、こうした問いなのです。私はこの問いが第一の、最も重要なものと主張します。このことについて問いかける人が反省し熟慮するのは、私たちがこのさいに私たちの起源について問うことだけではありません。私たちがいったいどこから個別者として私たちの使命を受け取るべきなのか、私たちがどこへと向かい、どのようにあり、どこから来たのかについて問うことなのです。私たちは私たち自身なのでしょうか。私たちは私たち自身を支配するのでしょうか。私たちはあえて本来的な自由や自立性を自分のものとすべきなのでしょうかと。

［とはいえ］私たちは外的には自立的でないことを知っています。というのも、外的感覚の全体は感覚的なもの、感覚に入ってくるものに依存する、すなわち外的感覚に依存するからです。しかし、感覚はいったい自立的でしょうか、外に向かうその指向性によってけっして自立的ではないことが私たちにはわかっています。他方で内的にも自立的でないこと、このことも私たちは理解できます。想像力が何か見えないものを想像する場合、それが想像力の最高で無拘束の表現なのですが、しかし、同

時に想像力はじっさいには何も生み出さず、表象するだけにすぎません。そうした見えないものを想像する場合、想像力は依存的で、その像を表象するものに依存しなければなりません。たしかに、自由に創造する想像力について多くのことが語られてきました。しかし私たちは、まじめに語る場合、想像力の表象が無の像だといったことをもはや考えることができません。なぜなら私たちはけっして無を表象できないのですから。この考察が私たちに教えるのはまさに、私たちが見えないものを想像できるなら、そうしたものは存在しなければならないこと、想像力が最高度に無拘束であっても、しかし依存的に見出されること、想像力それ自体は像の基体をもたないこと、こうしたことなのです。

ところで知性にかんしていえば、その制限はいっそうわかりやすいのです。というのも何がしかの概念的事象を欠く概念は、音のしないものを聞くようなもので、考えられないからです。では理性は自立的でしょうか。否です。というのも私たちは、特定のことばがことばにより概念的に理解するものをもたなければ不可能であるように、区別すべきものがなければ［自立的理性一般の独立的］分離が可能ではないと聞いてきましたし、そのことを理解できるのですから(2)。これら［想像力や知性、理性といった］内的感覚あるいは能力はそれらの［具体的］表現に疑いなく結びついているのです。唯一自由［で自立的］に思えるものはそれらの自己意識ですが、しかし、それは感情のなかにあります。ここで私たちにはっきりわかっていることは、人間の全体がいかに感情に依存しているかということです。では感情は自立的でしょうか。感情は印象に基づくので、その主張は矛盾のように思えます。しかし私たちが、自己意識としての根本感情は自己自身にかんする自己自身の印象と呼べるとみなせば、私たちがそのような自立性としての感情を否定できるわけではなく、たんに同じ［自立性としての感情という］ことがらを認めねばならないのです。というのも、感情が自立的でないとするなら、それは存在するような何がしかのものに依存しなければならないでしょうが、しかし今、感情はすべて存在するものの基礎であり条件なのです。したがって何らかの夢を見ている人が、存在するものの根拠はすべて存在しないものにあるといおうとしなければ感情は自立的です。ちなみに存在しないものとは無であり、同じ見解のなかで存在し、存在しないのですが、私たちがどのようにそのことを理解するかといえば、たんにあらゆる思考の基本法則、矛盾律に反するということなのです。

これにたいして私たちが個別者において感情を問うなら、私たちが知るのは、憎しみが愛に依存するように、一方の感情が他方の感情に依存するだけでなく、生表現にいたるとただちに、その感情はある仕方で疎遠なものといわれねばならない印象にまったく依存していることです。ここで本来の問題は、人間の自己意識が自立的だという人間の基本感情にかかわるものになるのです。この点について私たちはたしかに、いつまでも逡巡せずきっぱりと「いいえ違います」と答えねばなりません。というのも、明らかに私たちの意識には端緒があり、このことで時間に依存するからです。私たちは、私たちが現存在してきた一方で、さらに何がしかの表象をもっていたことを知っています。正気を失うことは、私たちが私たちの現存在の根拠を私たち自身の内に探し求めるかどうかによることでしょう。しかし、では私たちはいったい現存在の根拠をどこに求めるべきでしょうか。私たちの生は私たち自身に啓示されながら隠されているのですが、その生はどこにあるのでしょうか。私たちの生が私たちの祖先に端を発していること、そのことは私たちが意識的に経てきた経験ではなく、むしろ私たちが祖先を通じて外部に啓示され、世界に現れていること、このことはたしかに何ら疑いを誘うことのない確信です。その確信がいったい何に基づくのかを省察することが必要なのです。ですが、その確信が感情に基づくことはたしかです。というのも、私たちは別の起源を表象したり、考えたりすることが十分にできるからです。

## 〔時間と人間〕

さて、私たちが私たちの生の最も身近な根拠を私たちの祖先に求めなければならないとすると、私たちは想像力によって［時間を遡り］背走するでしょう。無数の誕生の系列が私たちにたいして設定されますが、この系列は無限でありうるでしょうか。立ち止まって何がしかの最初の人間、私たちとは違った仕方で世界にやってきた人間を表象する必要はないでしょうか。私は、その必要があると思います。私たちがここで私たちの起源について最低限の啓蒙、最小限の情報をえたいと思うなら、その必要があると考えます。というのも、私たち自身の［同じ仕方での］誕生のたんなる繰り返しは私たちに何も教えないからです。そして私はまた、生まれた人間がすべて時間に依存し、その時間はそれらの人間たちから独立しているのですから、最初の人間を表象する必要があると考えます。なぜなら、時間は今や生の条件として人間たちの生の一部なので、私たちは人間たちから時間へと眼を向け変え、時間もまた人間たちの生の基礎であったかどうかを問わねばならないでしょう。私たちが公式に権威づけられたものとして何を答えるにしても、時間に依存した人間の起源を認めねばならないのです。私たちは、時間を人間的生の基礎と呼ぼうとするなら、最初の人間たちがいたことも認めなければなりません(3)。すなわち、祖先から生まれたのではなく、時間の直接的刻印によって生きるようになった人間たちがいたことも認めなければなりません。私たちは時間を、生を授け、生を繰り返す力のある自己意識的で生きたものとみなすでしょう。想像力にはそれ自身の世界に欠落があるわけではありません。同様に、私たちが人間的生の基礎を人類の外部に措定する必要性を洞察することもたしかです。このことはなるほど、最初の人間たちを時間の創造者として措定することで避けることができるように見えますが、しかし、そうではないのです。というのも、最初の人間たちが時間の支配者であったとすれば、それらの人々はどのようにして時間の奴隷、時間の食べ物になったのでしょうか。時間はそれらの人々を飲み込んでしまっているのですから。

とはいえ、時間を生の基礎とすることは妥当なことでしょうか。感情は否といいます。しかし、私たちがその感情を正しいと理解できるでしょうか。時間とは何であるのか知っているでしょうか。私たちが時間について、変化するものを［じっさいに］変化させるのが時間であるということはその通りです。すでにここで私たちは時間がその活動にあって依存的であることを知っています。つまり時間が活動できる前に、変化する何らかのものがなければならないことを知っています。生がすでに存在しなければならないのですが、その一方で時間は生のうえに働くことができます。

しかし私たちはまた、時間は自身の力をもつ生けるものだと思えないことも知っています。私たちは、時間がそれ自身を私たちの感情に告知しないし、告知することは不可能だと知っています。ですが、時間が生の基礎であり、したがって感情の基礎であるとするなら、時間は先の［自身の力をもち、私たちに告知する］ことが可能でなければならないでしょう。私たちが想像力による表象によってのみ時間の概念をえていること、私たちが時間によって理解できるのはまさに、時間が地上の生のゴールであり目標であるという想像力の表現に必要な基本表象以外にはないことを私たちは知っているのです。

以上のことからの結論は、たんに次のようになるでしょう。すなわち、私たちは私たちという意識が生まれて以来、私たちに由来するのではありません。というのも私たちが、かつて自分ではもっていなかった意識を私たち自身に与えたとするならば、私たちはひとつの自己であり意識をもっていながら、しかし意識を獲得しなければならなかったことになるでしょうが、そんなことは不可能だからです。私たちは私たちの生の最も身近な根拠を私たちの祖先に求めねばなりません。ですがそのことで私たちの意識の起源について啓蒙されることはありません。というのも、私たちの意識としての私たちの祖先は、時間のなかで眼を覚ますでしょうが、どのようにしてそうするのか理解することはありません。それ自身においては何ものでもないが、生への奉仕において目標をもつにすぎない時間が生に属することはできません。そこで私たちは最初の人間たちに戻るよう駆り立てられ、その人間たちが生まれることなく世界にやってきて私たちのようにまどろむのかどうか、すなわち覚醒した意識をもちながらまどろむのかどうかを問うのです。［とはいえ］この場では、私たちはこの問題を未解決のままにしなければなりません。ですが、最初の人間たちが私たちのように世界にやってきたとするなら、彼らは彼ら自身に依るのではないこと、このことを私たちは洞察します。彼らの生は見えざるものに根拠を置かねばなりませんが、その根拠は自己意識的で、そこにすべての人間的な表象と概念、感情の基礎を保持するでしょう。これにたいして私たちが、人類の祖先を覚醒した人々として表象するなら、私たちは彼らの起源について同じ［自分たち自身に依るのではないという］結論にいたるか、それとも彼らが自立的で、自分たち自身に由来し、世界にやってきたのではなく世界において世界と自分たち自身とを創造したと語るか、それらのどちらか［でなければならないの］です。ここから二つのことが帰結します。第一に、一人の原人間が存在しうるにすぎないということです。というのも、一人だけが独立的でありうるにすぎず、二人の独立者は相互に制限し合うので、相互に依存的だからです。それゆえ、二人の独立者は矛盾にすぎないのです。ただ一人の者だけがその自己意識において、諸表象すべての基礎をもちうるのです。

**［神の宇宙論的証明］**

ところが、原人間はそのような人間でありえたでしょうか。つまり世界の創造者であり、自己自身の父でありえたでしょうか。私たちは安んじて否と答えることができますし、それ以上の証明を要しません。というのも、こうした［世界の創造者としての人間の］ことを信じる人はたしかに誰もいないからですが、しかしながら、ある種の理屈屋たちはこの主張を、彼らの他の主張と一致するようなときにもち出すにちがいありません。ですから私たちは次のようにコメントしたいと思います。すなわち、私たちは原人間をある種の時間とある種の空間に制約された地上の住人と表象しなければならず、そこで彼は独立自存ではなかった、そうです、死が彼を打ち負かしたとしなければならないか、彼がたんに人間モデルにすぎず、しかもそのさい、彼が私たちの［人間という］種族の父祖ではなく、見えざる創造者であったとするかのどちらかなのですと。

そこで、結論は、自己矛盾に陥ることなく、私たちの起源についてのもうひとつの表象を私たちが肯定できるということになります。つまり、人間的生を越えて独立した生があり、そこに人間的生の根拠があること、人間的生はすべての人間的諸能力をもちつつも、その独立した生に根拠を置くことを肯定できるようになるのです。なるほど私たちがここで行ったことは、知性によって想像を吟味し、想像による私たちの起源についての表象を理性的に区別したことです。私たちは迂回路を通って、誠実で無垢の人間が主張するのと同じ結論にいたっています。ちなみにその誠実な人間は外的諸感覚と、自らの端緒および依存性についての彼自身の意識とによって呼び起こされる世界と自己自身の表象とともに、見えざる世界の創造者の表象に駆られるのを感じるのですが、そのさいに私たちと同じ主張をするのです。私たちがここで実行したのがいわゆる神の存在の宇宙論的証明です(4)。この［神の存在証明の］実行と一般的な［感覚的事物の存在証明の］実行との相違は、私たちが諸々の外的現象から結論するのではなく内的感覚による観取から結論した点にあり、そのことによって諸々の異議を武装解除したにすぎないのです。どんなに無根拠であっても真理の輝きを与えるような異議を、つまり感覚的事物の現実性、それは私たちが地上に現存するのと同じ表象のなかでの感覚的事物の存在なのですが、その現実性にたいする異議を武装解除したにすぎないのです。

これにたいして、想像力が私たちに、人間をそれ自身の創造者と宣言させるのか、それとも生ける神を受け入れさせるのかのどちらかだとして、私たちは自己矛盾なく前者を受け入れることができないなら、後者を受け入れなければなりません。このことで感覚的事物の現実性もまた意識されています。なぜなら、人間の想像力の根拠がより高次の表象にあるとするなら、すべての人間の表象はその［高次の］表象内容に制約されています。人間の想像力が唯一の新表象を、像でないような表象をもつことが可能であれば、人間の想像力はこの部分において独立的でしょうが、［人間の］根源的な生はその独立性を失っており、［高次の］独立的表象によって制約されているでしょう。次のこともまた正当にこういうことができるでしょう。すなわち、時間と空間とが人類以前に措定されねばならないのですから、それらは人類の創造［と同じもの］ではありえません。時間と空間が人間的表象によって裏打ちされない現実であるのなら、視覚的事物にもまたそのような現実がなければなりませんと。ですがそのことは［ここで］展開する必要はありません。どこでも私は宣言します。私たちの欺きえない感情に反して身体の現実性を否定し、そのことによってその他の視覚的事物の現実性を否定する人々にくみして語ることはそもそもないのです。

むしろ世界全体が、つまり私たちを取り巻く外的なものおよび私たちの内的なるものが私たちに周知のものであるかぎり、私はその世界の考察にあってしばらく沈黙します。私たちにおける世界の刻みと私たちの自己の刻みとが必然的に見えざる創造者についての表象を覚醒させ、それを是認しなければならないと考えます。その創造者において私たちは生き、動き、存在しているのですが(5)、私はこの証明を拒むことが知性の印であるのかどうか、最も力強く響く叫び声にたいして耳を塞ぐことが聴覚の印であるのかどうか、輝く光にたいして眼を塞ぐことが視覚の印であるのかどうか、人々が反省するよう提起したいと思います。私は、時代の賢人たちがまったく自信をもって主張したことが真理でありえるのかどうか、見えざる世界の創造者という表象が人間に迂遠であるという主張が真理でありえるのかどうか、問いたいと思います。人間が長い時代と理屈の骨折りを通じてのみ成長できるのかどうか、［創造者の］子は創造者の表象を、世界とそこにおける自己についての表象と同じように早い時期に受け取ることができないのかどうか、問いたいと思います。私は一冊の書物を開こうと思います(6)。それは眼にふれることがほとんどありませんし、なるほど読まれることもほとんどないのですが、しかし読むに価するものです。なぜなら、ある女性が自ら経験したことについての誠実な説話によって、時代の賢人たちの羞恥心を掻き立てているからなのです。

**［母による神聖な警告］**

たしかに、急激に変化する時代から聞こえてくることや、私たちの誰もが知るべきこと、私たちの大多数が熟知しなければならないことについて、丁寧で心配りのある女性が、ニュースのように語ることは私たちの年代の者には不名誉なことです。つまり、私たちの年代の者の幼年期を思い起こすならば不名誉なことです。［信仰の］光によって［それを妨げる］要塞の拡大を書き記した見えざる神の名にたいして見る眼をもたないことは(7)、甲高い声による先ぶれで叫ばれる神の名にたいして聞く耳をもたないことは(8)、たしかに未成年ではありませんが不名誉なことです。見えざる神の表象を高嶺のものとみなし疎遠なものとみなす者は［未成年の］子どもではありません。いやむしろ、神の生から疎遠になって神の証言を拒否し、生の起源を否定するのは成人した大人たちだけです。［しかしこのことは］私たちの年代の者には不名誉なことなのです。疑うことを習わしとしない心温かい女性でさえ学者先生たちの言説にすっかり混乱させられ、聖なる名を彼女の赤ちゃんに隠し、その子が［母である］彼女の唇からその名を引き出さねばならないようなことは恐ろしい時代の兆候なのです。

ですが私は、その悲しみのただなかにあって母の話を聞くことでたいへんな喜びを感じることができますし、喜びを感じることを否定したくはありません。その話は私の耳には神聖な警告のように聞こえます。その警告は私にとっては私たちの国デンマークの母がまるで彼女の神を再発見したかのようですし、南方や西方の賢明な愚者たちに(9)向けて叫んでいるかのようです。すなわち、主は、たしかに私たちそれぞれから離れてはいないとしても、みなさんが彼を感じ、見つけ出すことを求めているという警告です。というのも、何がしかの人々が、そして諸君の何がしかの詩人たちが語ったように、神のなかに私たちは生き、動き、存在するのですから(10)。私たちは主の仲間なのです。そのことは私にとってはすべて、母が聖なる者の讃歌をハミングしているかのようです。

すなわち、諸々の天の国は神の栄誉を語り、その要塞の拡大が神の手による仕事を告げ知らせます。日々はそれをめぐって互いに語り合い、一つの夜は次の夜を教えます。神は光を衣として装い、天をカーペットのように広げ、諸々の海のなかの彼の広間に天井をつけるでしょう。天国は神の乗る車であり、彼は空模様の翼に乗って彷徨します。神は大地を彼の［拵えた］諸々の土台の上にしっかりと固定したのです。アーメン。

# 終章　人間の条件一般について

イエスの名を祝福して

**［一八世紀思潮の未熟さ］**

私たちが自分自身を語るとき、すなわち私たちが人間というさい、私たちは深い秘密、つまり最内奥の神に近しいものに言及しているとするのは、不思議ですが否定できない真理なのです。しかし、いっそう驚嘆の念を私たちが呼び覚ますにちがいないことですが、世人は、まったく未熟で自分の影を矛盾の複合からなる動物と描くような場合に、自分自身を概念的にとらえ、人間の概念をとらえると想像してきたことです。魂論や人間学と呼ばれたものにたいして何ほどのことを知っているでしょうか。［何ほどかを知るとする］人は、それらの学問を通じて人間についてえた表象がカオスの表象であることを知りません。諸々の能力や自由と欲望の衝動の混乱、万象からなり、無からなる混乱の表象であることを知りません。そのように人間を把握したと考えた人々の未熟な誇りを、誰が憤慨することもなく了解できるでしょうか。そのような人は論理学が魂論の一節であったこと、魂論がすべての真の哲学の内容でなければならなかったことをいっさい理解していなかったのです。

たしかにお気づきになっていることでしょうが、私があちこちで一八世紀的なものを非難するのは、哲学・学芸に欠落があるからではありません。むしろ、それが生意気で腹立たしく、不幸でもある想像だからです。すなわち、その想像は［一八世紀とは］別のすべての啓蒙がたんに不必要であるだけでなく、一考にも価しないとした光を保持したのであり、そのこと自体が［真に］啓蒙的であり、学問的であるとしたのです。そのことは光と闇の罪深い取り違えであり、このことを私はつねづね思い起こさねばなりません。なぜなら、その取り違えの帰結の不幸が治まっているとはとうていいえないからです。というのも、それがいかに狂気の沙汰であったかの認識こそ、真の哲学・学芸への第一歩であり、それなしにはすべての言説は有益でないからです。

ですから、かの一八世紀［思潮］にたいする私の非難と、その啓蒙にたいする私の嘲笑が辛辣になり、不満の表明になることと並行して、それらのことはいっそう頻繁に繰り返され、強調されねばなりません。なぜなら、あの一八世紀を押し付けることによって攻撃される者は、彼が攻撃される立場にあること、その立場を弁解する者は、その立場にある自分自身を弁解するだけであること、私たちが私たちの愚かさを弁解するかぎり、私たちはけっして哲学・学芸には至らないこと、こうしたことは否定できないのですから。［私には］私自身を一八世紀［思潮］に駆り立てる非難ないし嘲笑はほとんどありません。なぜなら私はともかく、その世紀の諸々の酷さをみなさんと分かち合っているからです。しかし私は、これらの［攻撃される］立場の傷のそれぞれが、真理を愛好する心にとっては治癒力になると感じていますので、私の読者のような［一八世紀に］優しい立場に配慮できないし、配慮するつもりもないのです。

ここでのように論文のなかで、同時代の自惚れた哲学・学芸とそのなかにいる私たち自身を激しく咎め立てはじめることは二重の理由で必要です。［第一に］いったい私たちはそこで［人間の］秘密を解き明かすことができるのでしょうか。私たちはそこで人間の条件を把握できるのでしょうか。いや、そうではないでしょう。とくに私たちがそれらの考察によって獲得すべきことは、［一八世紀思潮のように］私たちが人間の条件を把握したと想像したとしても、その把握はむしろはるか遠方のことだという確信なのです。つまり私たちが深く恥じ入ることがなければ、そうした［把握したいとする］余地を与えることのできない確信なのです。

［第二に、］たしかに世人は私が人間についての諸々の大問題に何も答える約束をしていないとするでしょう。それらの問題に関連して、私はたんに真理自身の口による答えに依拠しているだけだとするでしょう。しかし私が約束するのは、自分のものとできる経験が何であるかを示すことです。私が言明することは、人間の条件について私たちの時代の賢人たちはごくわずかしか理解していない、彼らがどんな解明を示唆しようと、わずかしか理解していないということなのです。

# 第三部　補録　人間の生によせて

ウズビュの教会にあるグルントヴィ記念碑
（画像はhttps://sn.dk/galleri/222761より）

# 一　神像として創造された人間

**［神像としての人間］**

神を永遠不変なもの、見えざるものと考えると、我々は神についていかなる仕方でも表象できない。というのも、我々の表象はすべて時間と空間によって制約されているからである。［この場合に］神の存在について我々がいえる唯一のことは、神が近づきがたい光のなかに住むということである。これにたいして神を世界の創造者と考えて見ると、我々は神がまったく不可視で、身体をもたず、不変であると考えることができない。我々は神を時間と空間において考えねばならないが、人間の形姿のモデルのように、ひとつの像として表象しなければならない。なお人間の形姿のモデルというのは、その行為が時間と空間においてなされ、世界において時間と空間によって制約されているように見えるからである。だが［じっさいには］そうではない。なぜなら神自身が時間と空間を定めたからである。［その場合に］世界の創造者は正当に神と呼ばれる。というのも、我々は神を他の仕方では表象できないからだが、しかし、［神が人間には］まったく見えず、［人間にたいして］独立的という関係であれば、神は副次的なものとみなされるにちがいないし、聖書が神をことばで描くとしても、そのことばは人間の表象の表現にフィットすることはまったくありえない。だがそれでも、比喩的に［神と人間の］関係はことばや神の子、見えざる神の像の名でおおよそ表現することができるのである。

しかし、我々がこのように区別するとしても、我々は神と神の子が一つであることを理解しなければならない。というのも、その像は描写しなければ現存しないからである。神は我々にとって、神像なくして現存しない。そこには第三のものがなければならず、そこにあって神と神の子とは一つである。それは精神においてあり、精霊においてあるのであって、そうした精神は神や神の子からは区別して考えられねばならないが、しかし、それらと一つなのである。このことは三位一体の明瞭な側面である。なぜなら、我々が神において愛と真理、力を区別しなければならないこと、各人の生と現実とを神に帰さねばならないこと、だがその関係やあり方は、我々自身が神でないかぎり、我々には把握不可能でなければならないこと、これらのことは簡単に理解されるからである。というのも、神はそれ自身においてだけ自己をあるがままに鏡に映すことができるからであり、何がしかの制約されたものが神の像をかたどるとすれば、神そのものは制約されているだろうし、その場合、神ではないだろうからである。

神が「人間を我々の似姿にしたがって我々の像にしよう」[1]と述べたとき、その子（生けることば）は神の像である一人の人間を、したがって時間と空間において存在できるものとして、三位一体の神の影絵を創造する。そこで人間を考察するなら、我々は人間を感情、認識、表象に対応する身体、魂、精神のような三重性として見出すのである。こうして我々は、感情が基礎であるだけでなく極致であり、最初のものでありかつ最終的なものであること、表象が意識と表現のすべての条件であること、しかし［それら三つの］一体性は神のなかに［生けることばとしての］その子のものとして隠されていて、それゆえに信仰による神との絆がないかぎり不可能であることを見出す。この絆において人間は創造された。この必然性は次のことを省察することによって簡単に洞察されるのだ。すなわち、創造者が、彼の被造物すべては彼に聞きしたがうと望まねばならないように、彼はまた意志をもついかなる被造物も意志をもつ創造者に聞きしたがうべきだと望まねばならないとみなすことによって洞察されるのだ。というのも、そうでなければ神に聞きしたがった者はいなかっただろうし、人間は、神に聞きしたがう意志をもたず、神の生と支配を確信しなかったであろうからである。

**［人間の完成可能性］**

新たに創造された人間が神を信じねばならなかっただろうことはまったく明らかであり、我々はその直接的意識を記憶と考えねばならない。しかし、人間が身体の眼で神を見ることができ、神性の内実がつねに［ことばとして］神の子に宿り、身体と魂、精神が信仰に一致していたであろうことは驚くに当たらない。

だがしかし、我々は人間を完璧なものと考えてはならない。人間の発達は不十分であり、人間は神との親密な相互関係によって神の仲間に、彼が神の像であるとすれば神の像に成長しなければならない(2)。人間は、［神の仲間として］面と向かい合えるに先立って、身体と魂が精神的になっていなければならず、彼が見たものを感じて理解するところにまで発達していなければならず、鏡に映して見たり部分的に認識したりしなければならない。したがって、人間は神および神における生の表象を宿していたであろうが、しかし、この表象は時間を通じて具体化され、鮮明にされねばならない。つまり、人間が空間を占めて広がるのに応じて、時間は人間を完成させ完璧にしなければならないのであり、［そのさいにようやく］世界にたいする神の目的は達成されているであろう。このことから我々が確実に結論しうることであるが、［当初は］想像力と我々が呼ぶものが人間にあっては最強のものであり、感情が最も身体的で、理性はその初歩的発達段階にあったのである。同じことを我々は古い諸時代の年代記から結論しなければならない。我々はそのことを子どもという曇り鏡のなかに見るだろう。感情が精神的になって、理性が眼にたいして啓示される真理を認識するにいたるまで発達するはずだとすれば、人間が見たものを確信し、そこに心と思考が赴くということが起こったにちがいないであろう。

だが、こうしたことがここで人間の条件をめぐって十分に語られねばならないとしても、今は人間の行動について語ることが肝心である。

すなわち、神は人間にたいして、お前は園にあるすべての木々から自由に［実を取って］食べねばならないが、しかし善悪にかんする知識の木の実を食べてはならない。というのもお前がその木から身を取って食べる日には、お前は自ら死ぬだろうだからと語っていたのである(3)。この説話はあらゆる展開の萌芽なのだ。というのも、それはたたかいが生まれる標語だったからであり、身体的なものについていわれたことを理解する者には、知識の木［の実を食べること］が身体的に許されていたのだから、［そのことだけでは］醜聞ではないだろう。その者はこのことを信じるにすぎない。というのも、身体的なものは、それが神のことばに書かれているがゆえにそれを信じるのだから。［だが］女を誘惑したヘビについて書かれていること、悪魔がヘビのなかにいることはまったく周知の酷いことである。そのことを主自身が語っている。主は、悪魔が人間の母であり、虚偽の父であるという。というのも、死が罪の贖いであること、蛇が女にいったのは嘘であったこと、いやそれどころか世界における最初の嘘であったことを我々は知っているからである。［つまりヘビが語ったのは］神が語ったことはそうしたことではない。むしろ、神は君たちがその木の実を食べるなら、君たちがまさしく神のように善と悪を知ることになるはずだということだったからである。

いったい、神が嘘をいったり、自らの被造物を妬んだりすると人間がどうして考えることができるだろうか。それは奇怪に思えるにちがいない。とはいえ、人間の子が自分自身に［何事かを］助言するさい、人間の理性は彼に神が禁じたことの理由をいうことができないだろう、すなわち人間の理性は彼にたいして神のことばが誤りえないことを証明できないだろう。このことは十分に理解できる。人間が自らの理性の誤用によって堕落したこと、つまり神にではなく快楽に仕えることによって、人間が疑い、傲慢にふるまうことによって堕落したことはたしかなのだ。だが、我々がアダムの子孫で、アダムの罪の部分を保持していることを疑う場合、我々が、そのような堕罪にたいする嫌悪感をごくわずかでも抱くことがないとみなす場合には、先のような［悪魔のいう］ことを信じるであろう。だがしかし、我々は、神よりも悪魔をいっそう信頼し、それゆえに神の絆による生を愚かしい仕方で失うことが恐ろしいことであると理解できるのである。

**［堕罪について］**

ところで、堕罪によって人間に起こった変化とは何かを我々が問うなら、どんな人も好んで彼の内面で変化したものが何かを自分自身に尋ねるだろう。酷いことに人間は彼の内面ではじめて神託に背いたのである。彼が何らかの仕方で敬虔な子であったとすれば、彼は寓話のなかで堕罪を知っていたであろう。しかし我々が理解でき、理解しているのは、人間の視野が混乱したにちがいないだろうこと、それゆえ誤った像が真の像に混合されただろうこと、したがって感情が不純になり、理性が理解しないものを判断するよう備えただろうことである。［さらに］世俗の精神が眼の喜びや肉の快楽、傲慢さにおいて人間を支配して強力になっただろうこと、眼は霧に包まれ、心は誘惑され、信仰は疑いに包まれているだろうことである。

だがそれでも我々が確実に理解できるのは、眼がけっして見えなくなったわけではなく、耳が聞こえなくなったわけでもないこと、その人間には依然として後の詩人よりもはるかに生きいきした想像力が備わっていただろうことである。［堕罪後の］今も痛みにあえぐことになるが、良心は矛盾なく神について証言したし、我々が保持した法として、［堕罪後もなお神という］疎遠な立法者について証言している。神との絆は、今では不可能に思えるにちがいなかろう。というのも神は罪人たちとの絆をもつことができないからである。罪は［絆をもたらす］精神の死であるのだ。それは欲望剥き出しの争いごとや良心の痛みが身体を破壊するのと同様なのだ。だが、慈愛に満ちた神は永遠の昔からその病にたいするすばらしい治癒法を用意していた。だから病める者は死に行かないだろう。むしろ神の子が病める者にあって敬われるはずである。神はたんに救いを告知しただけではない。神の人間における大いなる目標は同時に人間がヘビにたいして次のように述べたときに達せられるであろう。すなわち、人間の女性の習俗がヘビの頭をかち割るだろうと。神が告知したのは、人間はその堕罪にもかかわらず、時代を通じて完全な人間へ発達し、被造物の主へと、主の子との一体化へと成長するということなのである。

## 二　まずは人間、しかしてキリスト者

まずは人間、しかしてキリスト者
生の順序はこれ以外にない
私たちが羊と呼ばれていても、思い浮かべてはならない
動物たちが群れている姿を
キリスト教にたいする魔性の誘惑は
万能者でさえ変形できない
豚に真珠を投げないでくれ
悪魔はたしかに、以前のように今も
主イエスとの遭遇にさいして
「神の子は君だと我々は知っている」という
おお、私たちを純粋に堕落させてくれるな
だが悪魔の知ることを悪魔は信じられない
闇という王のもとに好んで住もうとするから

けだしその王は悪魔の父なのだから

まずは人間、しかしてキリスト者
これは久しく忘れられていた
野獣と悪魔を洗礼したし
黒い肌の人も水で清められ
キリストを信ぜずとも賢いといわれたし
書に学ぶことは賞賛された
しかし、異教徒は弾劾されたのだ

けれども、アダムは異教徒だったのだ
エノックもまたそうだった
だが彼らは神の慈愛を受ける身だった
私たちはそのことを拒めない
ノアは彼の時代では完璧だった
まだ口論と争いの時代ではなかったのだ
キリスト者でもユダヤ人でもなかった

アブラハムは神のよき友だった
だがキリスト者ではない
ダヴィデなど多くは神に信頼を寄せる男であった
しかしキリスト者ではありえなかった
キリストが登場する以前にキリスト者であれば
嘘と茶番がキリスト教のすべてとなろう
このことは難なく理解できるのだ

洗礼者（4）は最も偉大な男だった
ダヴィデの仲間すべてのなかで
だが、彼よりさらに偉大なのは
神の国のごく小さな者だ
信仰をもち洗礼を受ける者は誰も
キリストの衣にキリストとともに包まれ
手短にいえば各々がみなキリスト者だ

まずは人間、しかしてキリスト者
これが要所である
我等は無償でキリストの教えを受ける
それは純粋な幸運である
しかし幸運がやってくるのは
根っから神の友である者、その者にだけだ
真実という高貴な一族の者にだけだ

この地上にあるいかなる者も努めよ
真の人間であることに
その眼を真理のことばに開け
そして神に栄光をささげよ
キリスト教が真理の問題であるなら
今日はキリスト者でない者でも
明日はきっとそうなる

# 三　人間の生

私が民を越え、鳥たちの群れを越えて
煌きながら空高く軌道を行く星だったとしても
温かみがなく、優しい眼差しに欠けていたなら
私はすぐ、氷のように冷たい名誉に嫌気がさすだろう

私がすべての黄金を膝に抱く山であったなら
その頂きで雲々を羽織ることができたろう
だが、私は必ずしも喜びに後押しされない
すなわち、虚しさが私の富であり、重たさが私の名誉だろうから

私が最深の海淵をもつ海だったなら
鏡のように澄んで、陸地のすべてを取り巻いていよう
それでも、眼と耳、口をもってはおらず

私の心の喜びすべてを欠くことは寂しい

私が鳥であり、しごくみごとな翼をもつなら
しごく鋭敏な眼をもち、心地よい声をしていよう
しかし、すべての出来事に無関心であるなら
私は生に心地よさを感じ取れないだろう

私がしごく香しい花であり
百合の葉とともに純粋無垢であったなら
私は生を実りのない無駄と呼び
跡かたなくその場から消えたであろう

私がその花のように死なねばならない男なら
あいにくだが、死が私にふさわしいかもしれない
時の海に浮かぶ島に立つ人生はだが
それでも唯一、力に満ち、充実している

眼は星に向かい、耳は鏡のように澄むが
眼はさらにまた、光であり、喜ぶこともできる
世にしばしば誤りを見たとしても
被造物すべては意味するものを察する

耳に入ることばと口をついて出ることばは
我等の眼に入るものを遥かに凌ぐ
ことばの母は音の海とつらなり
その父は高みからする神の精神である

ことばは地上に仲間のない鳥である
どんな発信者によっても笑い、手で仕草をしながら
人間は翼のあることばとともに
天より来たる光の煌きと精神における生の喜びをえる

太陽や月、星々の群れは
花咲く牧場や岩山、海は

遠くにあっても近くにあっても
ことばをもつ我等には神の贈り物である

私の知る星々は、私の馴染みの星々は
精神に抱かれて、かの天に小さく煌き
私の眼に近しく結ばれ、優しく鮮明であり
思索は静けさのなかに喜びをえるのだ

私の知る岩山は、その懐に黄金を抱える岩山は
雲にまして、はるかに多くのものをその頂に羽織り
そこから湧き出た魂の喜びは
誠実に、生がそこにあることを証立てる

私の知る海は、測りがたいほどの深みをたたえる海は
澄んでいても荒れていても、嵐のときでも凪のときでも
心が胸のなかでどんな苦悩に出会っていても
波のうねりに、いつも歌を忘れない

私の馴染みの鳥は、眼差しをもち、歌を口ずさむから
その翼のもとに私は心地よく腰を下ろし
音響のスウィングのただなかで揺られ
地上の活気が刺激されて、すぐ私は歌を口ずさむ

私が馴染み、胸の奥に育てる花よ
その香りは愛する心に甘く
枝に結ぶ果実は、腕に優しく抱かれるように美味しく
喜びや悲しみに愛おしく包まれるのだ

死するといえども人間の生はえたのだ
慰めの記憶と、死に仕返しすることばを
太陽のように人生が昇り、沈むとき
輝く軌跡を人生はその背後に残す

一つだけ私には欠落がある、人間の子として

万物を統べるべき神像として創造された子として
その欠落に私は繰り返し溜息をつき
そのことを地上生活の神秘とみなした

永遠は精神の条件にかかわる
我等にあって不思議な仕方で時間のなかに立ち現れる
去来するものの永遠であるが
しかし溜息とともに熱望する永遠である

一つだけ私がほしいもの、それは万能の存在となること
それは生と喜びに栄冠をすえる
だが、私が永遠の生をえたとすれば
代わりに他のものすべてを自主的に与えただろう

ああ、永遠の生がなければ、けっきょくのところ空虚だ
人生は大いなる不思議なのだ
罪の贖いを私は死のなかにはっきりと見る

塵において無垢の魂はただまどろんでいるだけ

私に父として天の神がおわすなら
神の栄誉のために私は生き、呼吸するだけだろう
そこに私の母と天の花嫁がいるだろうし
そこで私はまったく、かくありたいと願った状態だろう

私の生の糸は神性の現存であろう
「我の面前に来たまえ、君は我を魅了する
君の父とともに永遠の生を享受したまえ
我が君に与えるものすべてを誰も君から奪いはしない」

イエスよ、私の主よ、人間の子である君には
神だけが父として高みにおわし
母として、かくも美しい処女がいる
これが、私の眼に浮かぶ君の地上の生だ

天使よ、野の羊飼いたちへの君の伝言は
すべての民のために喜びを導くこと
天を司る者よ、君のクリスマスの夜の歌よ
それは、私の耳に心地よく響くものだ

真夜中の栄えある知らせよ
死王の座をすえた罪の満ちた巷に
口に黄金の日々をたたえ、明け方にようこそ到来した
天国の栄誉と地上の国の喜びよ

誕生の場に置かれたベスレヘムの子よ
我等が君を生ましめ、衣に包むなら
君の預言が語ったことは、わかるはずである
君は精霊によって洗礼を受けうるし、それを望むことが

我等には星々があり、丘がある
時の流れは君とともにあり、変わらないだろう

そこに、嵐が苦悩の呻き声をあげようとも
勇躍して君とともに我等はあえて海路を行く

荒野にあって我らに天の響きのように
君の椰子の木に憩いを見つけた鳥は歌う
「不死の生は君たちのものだ
イエスとともにあって自由に闇の最中でも君たちは微笑むことができる」

我等はそこに花として永遠の慰めをえる
その香りは、両の眼が損なわれても甘く匂う
生の木の果実は我等の胸のうちに熟する
だから、我等が失うのは死に至る病だけ

それゆえ、私の心よ、讃美歌を口ずさみながら
君はベスレヘムの谷で神の天使に会い
真夜中に君の救い主に感謝し
高き天の間にます君の父に跪く

空に叫ぶ神の天使とともに歌え
神の平和はその子とともに我等に与えられているのだから
高き歌声とともに新たにハミングせよ
「我等とともにある神」のために、その光のためにも、その生のためにも

老人の声の調子で新たに歌え
私が天と星々の神の群団を見やれば
神よ、貴方はその栄誉をかくも高々と告知し
輝く軌道を神の指で支える

たしかに、私は人間とはいったい何かと尋ね
人間の塵として君は記憶に惹かれようといわねばならない
人間である［神の］子について、彼は何かと尋ねねばならない
人間という小屋に君は自らの宿を見つけられるのか

だが天使たちにあってはまずなかったことだ

君が塵において貴方の似姿を人間にまとわせることは
君は愛において人間を自由に訪れ
君は人間を輝きと栄誉で飾った

君は人間を王座の高みに上げた
手によってなされるものすべてを越えて高く
月を越えて高く、陽を越えて高く
しばし燃えるだけのあらゆる光を越えて高く

そこから慎み深き者、乳を与える者の口を
君は永遠に讃美歌で装う
君の大いなる慈しみにあって最たる不思議は
地上の国のこの低きところに起ったことだ

天を越えて高く君の威厳は歩みを進めるが
小さき者は君の慈愛により憩う
小さき者は麗しく永遠の光を装う

それはなお、どの天使にとっても謎である
神の地上におけることばよ、仲間よ、民よ
人間の生に覚醒し、歓喜せよ
君たちにはベスレヘムの子である神のことばとともに
輝きと喜びが永遠に与えられているのだ

# 四　人間の生は不思議ですばらしい

人間の生は不思議ですばらしい
我等が記述できるよりもはるかに
それはだが、世代から世代にわたって照らし出す
人間が生をどのように生きいきと保持するかを

人間は魚でも鳥でもない
泳げもするし、歌えもするのだ
人間は動物界に神のように立つ
その舌に輝きとしてのことばをのせて

鳥たちにはすべて、くちばしとかぎ爪があるが
それらが一堂に会しても
僅かなことばさえ見当たらない

人間の仲間が備えるような

地上のすべてにあって最たる不思議は
荒野に響く人間の声
ことばを用いて、眼に見ぬ世界を
だが、力と強さとをもつ世界を経巡る

人間精神、それはひとつのことばだが
我等の誰も洞察できない質のもの
だが、人間の生は精神の作品なのだ
人間の口にことばを湛えることで

人間の精神、それはひとつの力だが
解明さえ不可能な質のもの
だが、それが見られるのは、評議と行動の場だ
その力ははっきりと啓示される

何千もの魂と身体たちを
人間精神は結ぶことができる
それらに光としてのことばで浸透し
それらすべてが内心に一つのことを刻む

民の口をもつ魂と身体たちが
ことばを用いて精神に敵対するなら
彼等は人間の子としての自己自身を忘れ
しだいに獣になる

鳥、魚、そして野生の動物たちは
人間の抜け殻としてそこに生まれる
石たちは悲しむにちがいない
民が衆愚として
一堂に会そうと望むなら

人間の生は不思議で素晴らしい

蟻にとっても人間にとっても
だが、人間の抜け殻である動物的生は
魔法をかけられた怪物である

人間は神像において創られた
その舌に力あることばをたたえて
だから人間は木々と動物たちのなかにあって
神々とともに語り歌えるのだ

緑の森の人間の子らよ
浜鳥たちが歌う森の子らよ
君たちは認めよう、人間のことばで語らうことが
神々にも似ると

# 訳注

## 第一部　世界における人間

### 序

（1）底本の編集者K・B・ジェシンによれば、この詩片は、近代イギリスの牧師で著作家ヤング（Edward Young, 1683-1765）の大きな宗教詩、『憂歌、あるいは生と死、不朽についての夜の思索』（*The Complaints: or Night-Thoughts on Life, Death, and Immortality*, 1742-45）の一部としている。この著作は若きゲーテや一八世紀ドイツにおける疾風怒濤（Strum und Drang）の運動に多大な影響を与えた。

（2）自己理解ということがらにかかわって、グルントヴィの思索は一方で人間の神像性の歴史的理解というキリスト教的視座に立つが、同時にソクラテス的反省の影響のもとにもある。彼がギリシアの学芸から深い影響を被っていることは、彼の著作全体から理解できる。なお、グルントヴィへの古代ギリシアの影響については、R. Birkelund, *Frihed til Fælles Bedste*, Aarhus Universitetsforlag, 2008 を参照。

（3）予感（Anelse）は不分明な直観であるが、そこに精神的かつ自然的な全体性が与えられる。その解明が歴史的な認識課題であり、その明瞭さがグルントヴィにおいて、いわば歴史の展開にあって手招きする目標である。ちなみに、「予感」の概念にかかわって底本編集者のジェシンは、ノルウェー―デンマークの哲学者シュテフェンス（Henrik Steffens, 1773-1845）が一八〇三年のコペンハーゲンでの連続哲学講義を記録した『哲学講義序論』のなかで、個的なものを宇宙や歴史に結びつける「無限の結合についての予感」とし、ドイツの哲学者フリース（Jakob Friedrich Fries, 1773-1843）が『信仰、予感、知識』（一八〇五年）のなかで、「知」が有限なものの認識にかかわり、「信仰」が永遠なものによる把握であるのにたいして、「予感」は知と信仰を結び付けるとし、グルントヴィもまた「宗教と典礼について」（一八〇七年）の論考のなかで類似した把握を行っているとしている。

（4）見えざる手（usynlig Haand）はアダム・スミス（Adam Smith, 1723-90）の有名な表現を想起させるが、要はグルントヴィが近代において「隠れたる神」（dues absconditus）、「見えざるもの」（det Usynlige）の役割をむしろ積極的に認め、その作用の思想的意味を宗教の再生に向けて動員しようとしていることである。

（5）塵（Stevet）は定冠詞のついた「塵」、つまり人間の身体面を意味する。

（6）「闇のイド」とは、人間が持っている無意識の本能的衝動であるが、周知のように、フロイトの精神分析が後にこの問題をとりあげて解明した。

（7）『世界における人間』以前に『デーンの防塁』（*Danne-Virke*, 1816-19）誌に掲載された諸論考のことと考えられる。

（8）哲学・学芸（Vidskab）はグルントヴィの想定する知的探求の総体を意味する「哲学」のデンマーク語表現で、『デーンの防塁』誌に掲載された「哲学の世紀について」の論説では「哲学（Philosophie）は周知のように叡智（Viisdom）、すなわち完璧な認識、直接的な直観を求める人間的な努力の表現であり、……生き生きとしたその努力を名づけるために、我々が最良に選ぶことのできるデンマーク語では疑いなく哲学・学芸（Vidskab）である」（*Danne-Virke* I, 1816）と記されている。この概念はもとより、Ａ・アウグスチヌスが「叡智」（sapientia）と「知識」（scientia）とを区別し、前者が「永遠の、普遍的な、霊的なものの知、つまり神的なものの知であり、知識は時間的、可変的なものの知、人間的なことがらの知」（『三位一体論』第一二巻、東京大学出版会）とした区別を参照するなら、後者の人間的な知識に言及するものである。だが、ドイツ観念論哲学はこの区別を同一化ないし、媒介しようとする。グルントヴィもヘーゲルのように、永遠の知である「叡智」に、歴史を媒介として、したがって人間の「知識」の協力をえて到達しようとする。この点でアウグスチヌス的な伝統神学は、明らかに近代的な変容を被っている。しかし、ヘーゲルと異なりグルントヴィにおいてこの「知識」はその完成が終末の日まで先延ばしにされ、結局のところ過程的、歴史的性格に徹することになる。すなわち、表象、感情等を止揚する概念把握に優位を与え、自らの哲学体系において「知識」を完結させるヘーゲルのような「学問」(die Wissenschaft)、「哲学」(die Philosophie)はグルントヴィの採用するところではない。〈Vidskab〉はいわゆる「歴史・詩的ヴィジョン」(historisk-poestisk Syn)として、一方で「予感」「直観」として直接的に与えられたものを、歴史的経験を媒介して知的に愛求し、解明するが、そこには詩や歌謡、技芸など想像力や表象、感情、機知を媒体とする知の営為も貶下されることなく保持され、その完成に橋渡しする役割を果たす。なお訳者は本書で〈Vidskab〉に「哲学・学芸」あるいは「学芸」の訳語を当てるが、この両者は同一の概念である。

## 第一章

(1)主に、カント(Immanuel Kant, 1724-1804)が『純粋理性批判』において時間と空間とを感性のアプリオリな形式としたことが念頭に置かれている。

(2)『旧約聖書創世記』の第二章では、「主なる神は土(アダマ)のちりで人(アダム)を造り、命の息をその鼻に吹きいれられた。」(口語訳旧約聖書、一九五五年、http://bible.salterrae. net/kougo/html/ なお、丸括弧は訳者)と記されている。

(3)こうした表現の背景には正統ルター派の教義において、罪を負った古い人間が否定され、「新生」が強調されていたことがある。後年のグルントヴィは「神像において創造された人間」、いわば人間の古層の重要性を強調し、「新しさ」を無条件に肯定する立場をとっていない。『世界における人間』が掲載された『デーンの防塁』誌の時代のグルントヴィは、まだ正統ルター派の深く影響下にあり、そのもとで彼独自の思想がしだいに芽吹いていったと考えられる。

第二章

（1）ここでの議論は、『新約聖書』の「マルコによる福音書」十一章二二、二三節、「マタイによる福音書」第七章三節などを参照。

（2）ここでグルントヴィの表現は慎重である。第一に、端的な「光」（Lys）と「陽光」（Skin/ Soelskin）とが区別されている。前者は人間の理性であるが、後者はプラトンの「善のイデア」を想起させるとしても、むしろキリスト教の神の光に喩えられた神的理性である。なおこの点は、グルントヴィによる詩「啓蒙」（『生の啓蒙』所収）や「陽光は漆黒の土を照らす」（『ホイスコーレ（下）』所収）などを参照できる。第二に、彼は「知恵および機知」としているが、このことばの原語は〈vid〉である。それは通常の「知識」という以上に「教会の畑」として信仰に接続するが、しかし信仰そのものではなく人間的に限定された知と考えられ、歴史的かつ有機的であり、しかもそこには機知、ウィットの意味合いも込められている。このことばは、グルントヴィが「哲学」（philosophia＝知恵への愛）をデンマーク語に翻訳するさいにドイツ語の〈Philosophie〉の延長を否定するため、独自に古いデンマーク語の〈Vidskab〉を選択した理由と考えられる。つまり、知恵への「愛」の態度であるからには、そこにはたんに純粋な理知でなく、むしろ経験や歴史が基本性格であり、また機知のように想像力や感情への好ましい関係も含まれ、その意味でまたユーモアの脱魔術的価値も主張されたのである。とはいえ、〈Vidskab〉（文字通りには「知恵や機知を載せた船」）の和訳はきわめて難しい。暫定的に「哲学・学芸」あるいは「学芸」という訳語を与えた。なお第一章の注（８）も参照。

（３）「鏡」はなにより事象を正確に模写するという反映論的なアプローチが、グルントヴィにとって正しくかつ重要な世界の認識方法であり、それは化粧鏡に映る姿の虚飾を排除する。しかし同時に、そうした鏡はどこまでも神や自己の魂などの経験を越えた事象を写さない不鮮明さ、限界を残すものであり、この点を照らし出すことが「学芸」（Vidskab）の基本的意義ということになる。

（４）「絶対的」〈i og for sig selv〉に与えた訳語。この述語はヘーゲル（G. W. F. Hegel, 1770–1831）の哲学ないし、その周辺で〈an und für sich〉として用いられて重要な役割を果たしてきた。その意味合いは、ヘーゲルにおいては事物や事態の展開が①「即自」、②「対自」、③「即自・対自」という弁証法的三組形式でとらえられるさいの第三の最高段階で、客観的かつ自覚的事態を意味する。ここでは「絶対的」という訳語を当てた。だが、グルントヴィがどこまでヘーゲル的な論理に用いているのか、興味深いところであるが定かではない。若い時代のグルントヴィのテクストにヘーゲル哲学の言及はほとんど見られないが、彼の「哲学・学芸」からすれば、弁証法によって矛盾律を犯すことは、理性を無制約に拡張して知の自体的、絶対的存立を主張する誤った「哲学」に陥るということになり、そのまま容認されることはあり得ない。ヘーゲル哲学はむしろデンマークの歴史的コンテクストでは主に自由主義憲法体制の創設を主導した教養市民層のネットワーク国民自由主義（nationalliberalisme）の思想的背骨であり、グルントヴィは、それに連携はするが基本的に敵手とした。さらに後年とくに、一八六四年の対独戦争時代にグルントヴィは「狂気を演じる」ドイツ的な理性啓蒙を代表する哲学者としてヘーゲルを厳しく批判している。「（ドイツ的…訳者）啓蒙は力のない『生成』である／それはこころのない生であり／凪という根本概念とともに／啓蒙はとらえることのない手である／それはドイツ語では『理性（Vernunft）』なのだ／……この静寂なるものは光のなかの通りに立ち／肯定と否定とをパックにしている／ヘ、ー、ゲ、ル、も、ど、きの連中とともに／啓蒙は一昼夜のように含みこむのだ／黒い嘘と白い嘘とを／そうだまったくの密造のように」（Budstikke i Høinorden, 1864, i: red. af H Begtrup, *Grundvigs Udvalgte Skrifter*, bd.10）。だが、訳者は近代理性の倒錯を先駆的に洞察した点で、また「欲求」（Bedürfnis）や「愛」（Liebe）、「精神」（Geist）といった人間的概念に評価を与えないカント的「悟性」（Verstand）への対抗という点でも、ヘーゲルとグルントヴィには類似した論理が働くことを強く感じている。

（5）「熊手で自然を追い払っても（naturam pelle furca ex）、自然すなわち魔女は再びやってくる。」これは、グルントヴィのエーリュッケ時代の一八〇五年六月十一日付け日記（*N. F. S. Grundtvig Udvalgte Skrifter*, Bind 1）にも記された箴言で、テクストの編集ジェシンによれば、ローマの詩人、ホラチウス（Horatius Flaccus, 65–8B.C.）からの自由な引用とのこと。ここでは、真剣な語調、陶酔した語調にたいして、自然に宿る「魔女」（Hex）がたえず挑戦することが語られる。ユーモアはいわば、過度な陶酔や高揚を沈静化させる「魔女」の役割を担う効用が考えられている。

（6）ホルベア（Ludwig Holberg, 1684–1754）。ノルウェーのベルゲン生まれの劇作家。幼児に両親と死別し、苦学の末コペンハーゲン大学の教授となって、デンマーク語で法学、歴史、言語学などの学術論文を残したほか、多くの喜劇作品を創作し、グルントヴィに多大な影響を与えた。

（7）グルントヴィはその年齢でフュン島の東側に位置するランゲラン島のエーリュッケで家庭教師になり、そこでコンスタンス・レスと邂逅して悲恋を経験し、その出来事を契機としてロマン主義に覚醒することになる。なおハル・コック『グルントヴィ』（拙訳、風媒社）を参照。

（8）この点で、訳者が思い起こすのは、ヘーゲルが『精神現象学』や『歴史哲学講義』で「侍僕に英雄なし」と述べていたことである。それは身の回りの世話をする侍僕に英雄の高みは理解できないとするのもだが、しかし、グルントヴィはこの点でむしろ、「しゃがんで身を低く」するの表現に見られるように、「英雄」の高みそのものが逆に過度な陶酔や空疎な高揚を含み、それゆえ危険が潜むことを問題視している。これは彼の機知を含む哲学・学芸の真骨頂である。なお本章注（5）も参照。

（9）「長靴」は足元を顧みず、そこから離れ出て飛翔する知的傲慢の象徴的表現。

（10）ギリシア神話にある、クノッソスの迷宮から飛翔によって逃れようとしたダイダロスの子、イカロスの墜落が念頭に置かれているものと思われる。なお、最新型の飛行船については一七八三年十一月二一日にパリ郊外でジャン・フランソワ・ロジェとフランソワ・ダランドルの二人が有人飛行に成功した。

（11）グルントヴィはしばしば「（生ある）身体」（Legeme）と「死体」（Liig）とを対照させる。前者は魂と有機的に結びついた生けるものを意味し、後者はもちろん死んだもので、分離なり解剖なりによって観察され、メカニカルにとらえられる。この両者の対照を一般化すると、生ける有機的なものと死せる機械的なものとの対立となる。

（12）テクストの編集者K・B・ジェシンはコミュニティーの転換とは、地方の改革によって古い地方都市を小さな単位に分割することが暗示されているとしている。じっさい、デンマークの絶対王政は一八〇三年の救貧法や一八一四年の学校法を契機に、地方の自治（kommunestyre）を部分的に承認し、その流れが身分制地方議会の設立、一八四九年の自由主義憲法の第九六条におけるその公認へと連なり、さらに今日の高度なデンマークの自治制度につながっていく。『世界における人間』は一八〇一七年に公表されているので、ここでのグルントヴィの言及は学校法制定後の自治論議を反映したものと思われるが、そのさい土地を測量し、その物理的な範囲を測定するだけでなく、同時に課税や評価といった社会的、経済的問題が表出していることが示唆されている。

第三章

（1）ヘーゲルが『精神現象学』の感覚的認識を論じている箇所で次のように述べていることを参照されたい。「感覚的確実性の具体的な内容はその確実性をただちに、もっとも豊かな認識として現象させる……。……この確実性はだが、じっさいにはもっとも抽象的で、もっとも貧しい真理であると自供する」（*Phänomenologie des Geistes*, 1807、金子武蔵訳『精神現象学』上、岩波書店、一九七一年）。

（2）第一部第二章の注（11）を参照。

（3）ここではシェリングの『自然哲学の理念』（一七九七年）における次のテーゼが念頭におかれている。「自然は目に見える精神でなければならず、精神は目に見えない自然でなければならない」（Schelling, Einleitung zu: Ideen zu einer Philosophie der Natur als Einleitung in das Studium dieser Wissenschaft, 1797, in: *F. W. J. Schelling Ausgewählte Schriften*, Bd.1, Surkamp, 小西邦夫訳「自然哲学の理念」（『シェリング初期著作集』日清堂書店、一九七七年）。

（4）ヘーゲルは『精神現象学』の「観察する理性」を論じた箇所で人相術や頭蓋論など類似の知的営為を批判的に取り上げているが、そこでは占星術にもふれられている。ヘーゲルは、こうした主観的蓋然的な知の考察が不確実ではあっても本能的な理性（理性をもつこと）に基づく必然的な営為としている。この点でグルントヴィの態度はヘーゲルに類似している。

（5）シェリングは初期の自然哲学にかんする著作で、精神的な力を示す「ポテンツ」（Potenz）の概念によって、能産的自然の発展過程を示そうとした。それは絶対的、力動的、有機的の三つの過程を契機として含む高次化の過程であるが、そこに「重さ」（das Schwere）が基本性質として論じられている。なお、長島隆「シェリングの『ポテンツ』論――『ポテンツ』論と弁証法」（日医大基礎科学紀要、第九号、一九八八年）を参照。

（6）ポリュプ（**Polyp**）は、一般に刺胞動物に見られる形態の基本形の一で、固着生活をする個体型。体は円筒形。一生のあいだに浮遊生活をするクラゲ型を経るものは無性世代にあたり、出芽・分裂により増殖する群体を作ることが多い。当時、シェリングはそれを動物的生の基本形式と見ており、「ポリュプは最も単純な動物であり、いわばあらゆる他の有機体がそこから芽吹く幹である」（*Schelling Werke*, **Bd.3**）としている。

（7）この表現に関連してK・マルクスのいわゆる『経済学批判要綱』「序言」のことばが思い起こされる。「人間の解剖は、猿の解剖のための一つの鍵である。反対に、より低級な動物種類にあるより高級なものへの予兆は、このより高級なもの自体がすでに知られているばあいにだけ、理解することができる」（**Ökonomische Manuskript 1857-58, in: Karl Marx-Friedrich Engels Gesamtausgabe,**『一八五七―五八年の経済学草稿』I、大月書店）。

（8）グルントヴィの英訳選集を刊行しているE・ブロードブリッジによれば、このやり取りに出てくる「私の執事に聞いてくれ」（spørg min *Hovmester*）のフレーズは、L・ホルベアの『農少年の誓い』（*Den pantsatte bondedreng*, 1726）という戯曲のなかに頻出するとのことである。なお、「知性」（Forstand）はドイツ語の〈Verstand〉に相当する啓蒙時代を特徴づける概念で、しばしば「悟性」とも訳される。これは「序」の注（8）で示したように、アウグスチヌス的な区別でいえば人間の知識（scientia）にかかわる能力であり、とくにカントやヘーゲルなどのドイツ近代哲学においては、内外の感覚世界に対応する数学や自然科学的認識の必然性を構成するとされる。これにたいしてカント以降のドイツ観念論哲学では、「理性」（**Vernunft**）は知性を含むが、それ以上に諸認識を総合し制御する叡智的な能力とされ、「知性」と区別された。グルントヴィもまた、「理性」（Fornuft）と「知性」は結びついたものと考えているが、しかし彼の用法は独特なものである。本書では「理性」は視覚能力に対応し、また思考する能力とされるが、本書では「知性」は「聞いてくれ」という表現に象徴されるように、聴覚と密接に結びつけられて、「ことば」による理解にもかかわることが示唆される（ちなみにヘーゲルは『歴史哲学講義』の「序論」で「理性（Vernunft）は神の作品を聞き取ること」としている）。なお、グルントヴィの他の論考では「理性」が「自我であり紐帯」とされてアイデンティティーにかかわり、「知性」が「経験にとっての目標」（Om Sandhed, Storhed, og Skjønhed, i: *Danne-Virke, Et Tidskrift*, 1817）といわれている。とはいえ、これらの点は今後の正確な文献考証と解明を要する。

（9）ここで「聖書」の救済以外のことがらが学術的探究の対象としてとらえられている。

（10）神学者であるが、考古学や歴史学に造詣の深かったグルントヴィの友人ミュンター（F.C. Münter, 1761-1830）の『自然神学についての考察』（*Betragninger over den Naturlige Theologie*, 1805）では、象が「動物的自然の名作」と記述されている。

（11）ここでのグルントヴィの記述と、マルクスが一八四四年のパリ草稿に記した「五感の形成は世界史全体の仕事である」（Ökonomisch-philosophische Manuskript,1844, in: *Karl Marx-Friedrich Engels Gesamtausgabe* 2/I,『経済学・哲学手稿』）といった記述とを対照されたい。

（12）前節で、知的感覚として聴覚、視覚、触覚が数えられた。

（13）ちなみに、グルントヴィは『北欧神話記』の第一序論で、「知性とはすなわち、己自身にたいして判明になった感情に他ならない」（Nordens Mytologi, 1832）と述べている。

（14）矛盾律（Modsigelsens Grundsætning）はアリストテレス以来「同一なものが同一のものに即して、同一のものに同時にありかつあらぬということは不可能である」（『形而上学』第三章）とした思考の法則とされる命題で、同一律、排中律とともに、もっとも確実な論理的公理とされてきた。グルントヴィは、感情や想像力との対照で、この矛盾律を人間の理性（知性）の最高の基本法則とする。たとえば、このテクストの前年に書かれた「哲学の世紀について」とされる論文では次のように述べられている。「想像力と感情は我々自身を越えていくことができるが、理性はけっしてそれができない。なぜなら、理性はそれ自身であることを維持しなければならないし、明快で矛盾のない意識であることを維持しなければならない」（Om philosophiske Aarhundrede, i : *Danne-Virke* I,1816）。

（15）方法的懐疑によって到達した「私は考える、ゆえに私は存在する」（*Discours de la méthode*, 1637,『方法序説』）とするデカルト（R. Descartes, 1596-1650）の哲学原理が念頭に置かれている。

（16）いわゆる「隠れたる神」（dues absconditus）のことが念頭にある。聖書ではこの神はことばと歴史的事件によって自己を啓示するが、その歴史支配の経綸は隠されており、イエスの登場によってもなお、神を見ることは約束、希望にとどまっている。

## 第四章

（1）ここでグルントヴィは、精神が感覚的人間から派生するととらえる自然主義にたいして、宗教的な立場から「居心地の悪さ」という違和感を表明しているが、そのトーンは断絶的拒否とはいえない。彼は自然主義（自然哲学）を批判しながら、同時に第三章の「人間の身体的条件」で自然主義の主張をかなり取り入れた議論を行っているからである。後の一八三二年の『北欧神話記』の第一序論で彼は、「信仰」と「直観」を区別し、キリスト者と、異教信仰者、自然主義者が「モーゼ・キリスト的直観」において、教会ではなく学校をともに組織できるとしている（グルントヴィ『生の啓蒙』拙訳、風媒社を参照）。ここでの議論は、結果的にそうした学校論の知的基礎の伏線になっていると思える。

（2）ここでは自然主義が念頭に置かれるが、それはシェリングやシュテフェンスなどの自然哲学を経由したものであり、自然科学と区別される。

（3）「ことばや言語を二つの林の間の生ける垣根と解する……。」『デーンの防塁』誌第二号に掲載された論考「経験や常識にたいする学問の関係」には次のような表現がある。「我々は聴覚によって身体的なもの、つまり音を聞き、経験しているだけでなく、精神的なもの、つまりことばを聞き、経験している。というのは、ことばは、経験の圏域に歩み出て、諸々の精神にたいして啓示される精神的なものに他ならないからなのだ。」（*Danne-Virke* Ⅱ, 1817）また、底本の編者ジェシンによれば、『キリスト性の七つ星』（Christenhedens Syvstjerne, 1854–55）では「ことば」が「二つの世界、手の圏域と精神の家とのあいだの扉」と呼ばれている。「生ける垣根」の表現によって、ことばが感覚的なものと精神的なものとの架け橋と考えられている。

（4）底本の編者ジェシンによれば『キリスト性の七つ星』には「我々を創造した神のことばは我々を深く感動させることさえできる」（*Christenhedens Syvstjerne*）と記されている。

（5）「サムフンズ」（samfund）は、通例「社会」といった意味合いを表現することばであるが、グルントヴィの用法では神と人間の絆、人間相互の精神的な絆といった意味が含まれる。現代のデンマーク社会がこの用法と深い次元で通底している点については、拙著『デンマーク共同社会（サムフンズ）の歴史と思想』（大月書店、二〇一七年）を参照。

（6）「像言語」は〈Billed-Sprog〉に与えた訳語。〈Billed〉は通例「像」という意味だが、デンマークの古いことばで〈Billed-Sprog〉は人々の語らいでありつつ、そこには「詩的」な、すなわち精神を伴う想像力、あるいは精神的想像力が含意される。ちなみに、後にグルントヴィが独自のヒーマニティを積極把握する転機となった著作『北欧神話記あるいは心意識の像言語』（一八三二年）の原語タイトルは、“*Nordens Mythologi eller Sindbilled-Sprog*”であり、ことばで語り継がれる北欧神話が論述されるが、同時に人間の心意識におけるシンボル的な想像力の働きが扱われる。

（7）この点は、『北欧神話記』の第一序論に記される次の一文を参照されたい。「人間はまずもって他の動物のものまねを運命づけられた猿ではないし、さらに、世界の終末まで自己自身を模倣することを運命づけられた猿でもない。人間は数限りない世代を通じて神的な諸力が披瀝され、展開され、解明されるはずの比類のない素晴らしい被造物である。人間は、どのように精神と塵とが浸透しあい、共通する神的意識のなかで開示されうるかを示す神の実験である。」（*Nordens Mytologi*, 1832）

（8）「結び目」（Knude）。古代フィリジア（現在のトルコ）で、偶然神託によって王になったゴルディアスが、神に感謝して自らの乗った牛車を神殿に奉納したのだが、それが誰にも解くことのできないような特殊な結び目で括られた。これは「ゴルディアスの結び目」といわれるもので、グルントヴィはこの逸話を念頭において「結び目」ということばを用いて、解決困難なことがらを表現している。ちなみにこの「結び目」を解いた者はアジアを支配するとの預言がなされ、アレクサンドロス大王（Alexsander Ⅲ, 356BC.-323）が剣で一刀両断のもとに「結び目」を断ち切ったとされる。

## 第五章

（1）「一方の関係条件は王的であり、他方は下僕的である」。宗教改革者ルター（M. Luther, 1483-1546）は『キリスト者の自由』（一五二〇年、『世界の名著　ルター』中央公論社所収）の冒頭でキリスト者を「すべてのものの上に立つ自由な君主」でありかつ、「すべてのものに奉仕する下僕」であるとして二重にとらえ、前者を精神的人間の条件に、後者を身体的人間の条件に関係づけている。

（2）「秀逸な人々」（det gute Folk）は、自然主義者あるいは自然哲学者を念頭において語られている。じっさい、本章の後の記述のなかでも、自然哲学者への批判にさいして「秀逸な人々」という呼称が用いられている。

（3）ここでグルントヴィはデカルトやカント、フィヒテのような近代思想家に見られる自己意識の出発点に立っている。ただし、グルントヴィの自己意識はたんに人間理性ではなく、身体と精神の浸透態である自己、魂である点で独自である。

（4）「フィヒテがみごとに証明している」という点については、フィヒテが『あらゆる啓示批判の試み』のなかで次のように述べていることを参照。「したがって、社会的な統一のなかで暮らすすべての民族に道徳的感覚がまったく欠如していることはありえない。しかし残念ながら、この道徳的感情を彼ら自身および他の人々の行動の規定根拠として用いず、むしろたんに他の人々の行動の判定根拠としてだけ用いることが、感性が支配的であるすべての人々の一般的な習慣である」（*Versuch einer Kritik aller Offenbarung*, 1792、北岡武司訳『啓示とは何か—あらゆる啓示批判の試み』法政大学出版局）。また、「悪党に良心そのものが欠けているから、不可能である」という点では、カント批判が念頭にある。ちなみにカントは『道徳形而上学原論』の第三章で「彼（極悪人…訳者）はこの（自由の…訳者）立場において、自分のうちにある善意志を自覚する、この善意志は…感性界の成員として彼がもつところの悪しき意志にたいして法則となるものであり、彼はこの法則に背反しながらも、なおその権威を認めている」（*Grundlegung der Metaphysik der Sitten*, 1785, 篠田英雄訳『道徳形而上学原論』岩波文庫）としている。だが、グルントヴィは善意志の自覚や良心は慣習を媒介として発現するものであり、カント的なアプリオリズムによって説明はできないと考えている。

（5）ここでグルントヴィは信仰と良心とを区別しつつも同一平面で扱っている。これらの両者は、本稿が書かれた一八一七年の段階ではまだはっきりと分離されていないが、後にその点は変化し、とくに一八三二年の『北欧神話記』以降、信仰と人間的英知とが分離されるようになる。

（6）「感覚的理性」は経験的世界にかかわる理性として、近代の学術的な営為につながる。

(7) ここでのグルントヴィにはスピノザ的な響きがある。ちなみに、スピノザ（Baruch de Spinoza,1632-77）は「自然のうちには一として偶然なものがなく、すべては一定の仕方で存在し・作用するように神の本性の必然性から決定されている」（『エチカ』一六七七年、畠中尚志訳、岩波文庫）と書いている。

(8) グルントヴィは、このテクストが公表される一八一四年から一五年のあいだに、コペンハーゲン大学教授で当時の代表的自然科学者、H・C・エルステズ（Hans Christian Ørsted, 1777-1851）と激しく論争していた。グルントヴィは信仰の立場を保持する立場から、エルステッズはシェリング流の自然哲学の立場から数度の応酬が行われたが、ここではその係争点が念頭にあると思われる。しかし、グルントヴィは一八三二年の『北欧神話記』の序文で、自然哲学者とともにホイスコーレを保持できるとして、寛容の立場を獲得するにいたる。それはグルントヴィの、信仰の原理主義からリベラリズムへの移行を意味するが、それはしばしば、彼のイングランド留学やその折のクララ・ボルトンとの邂逅の結果として後に逸話のように語られることになる（P・ダム『グルントヴィ小伝』一粒書房を参照）。

(9) オシリスとイリスは古代エジプト神話に登場する神。オシリスは来生と再生を司り、イリスはオシリスの妹であり妻である女神で、健康、結婚、知恵を司る。オーディンとフリッガは北欧神話に登場する主神とその妻で、前者は、全知全能の神であり、詩や軍事も司るが、後者は愛と結婚と豊穣を司る女神。

(10) コロスの舞踊家によってギリシア演劇の合唱や舞踊、物語が念頭に置かれる。

(11) アキレウスは、ギリシア神話に登場するプティア出身の英雄。トロイア戦争にはミュルミドン人を率いて五〇隻の船と共に参加した。強靭で足も速く、イリアスでは「駿足のアキレウス」などと形容される。「致命傷」とは最後の戦闘で急所のアキレス腱をイリオスの王子パリスに射られ、瀕死の重傷を負って倒れたことが示唆されている。

(12) オデッセウス（Odysseus）。ギリシア神話の英雄であり、イタカの王。策略に富んだ知将で、トロイの木馬の詭計によってトロイア戦争に勝利した。戦後、神々によって各地を放浪させられる運命を授かり、艱難辛苦の末ようやく、妻ペネロペイアの待つ故郷にたどり着いた。

(13)「機械仕掛けの神（Deus ex machina）」。機械仕掛けの神とは、演劇で状況が解決困難に陥ったときに神が現れ、混乱状態を解決して物語を収束させる手法を意味する。

(14) グルントヴィはホメロスの『オデッセイア』のなかのペネロペイアの物語を扱っている。ペネロペイアはトロイア戦争に従軍したイタカ王の夫オデッセウスを長年の間待ち続ける美しい貞淑な妻で、彼女は夫の死が伝えられるとともに現れる求婚者たちに織物が仕上がったら相手を選ぶとしながら、昼織り上げた織物を夜になると紐解いて時間を稼いだ。この計略は三年後に露見し結婚の決断を迫られ、王宮の弓を引けるものと結婚すると宣言せざるをえなかった。しかし、二〇年の戦争と放浪の後に戻ったオデッセウスが乞食に変装してこの弓を引くことで他の求婚者を射殺したことで、大団円になる。こうした結末が、グルントヴィがここで言及する「機械仕掛けの神」である。そのさい、グルントヴィの物語解釈は難解であるが独特で、オデッセウスが求婚者の一人として登場すること、このことをペネロペイアが知らなかったこと、オデッセウスが神のような役割を果たすことを人間を神化するものとして問題視しているようにも思える。

(15) 底本の編集者ジェシンは、『哲学と宗教』におけるシェリングの次の記述を参照せよとしている。「その歴史は神の精神において詩作された時期である。その時期の二つの主要な党派は、一方では人類の中心からはじめて、その中心から最大に離れたところにいたるまで、人類の出発を叙述する人々であり、他方では最大に離れたところからの帰還を叙述する人々である。前者はいわば歴史のイリアスであり、後者は歴史のオデッセイアである。」（*Schelling, Philosophie und Religion*, 1804）

(16) 磁気、電気といった無機的世界を含めて自然界全体の根底に精神の統一性を認める自然哲学、自然主義が念頭におかれている。ちなみに、『自然における精神』などの著作のあるH・C・エルステッズ（Hans Christian Ørsted, 1777-1851）は、彼は電磁気の研究で知られる当時の代表的科学者、自然哲学者で、グルントヴィはこのテクストの公表される数年前にエルステッズと激しく論争している。ここでの議論は、このエルステッズが念頭に置かれていると考えられる。

(17) このような見方は、たとえばヘルダー（J. G. Herder, 1744-1803）の『言語起源論』や『人間性の歴史哲学の理念』などで表明されていた。例えば彼は次のように述べている。「人間の悟性はすべての多様のなかに統一を求め、神の悟性はその模範であって、地上の数限りない多種と統一とをいたるところ融合したのだから、我等はここでも変化の巨大な領域から次の至極簡単な原則に立ち戻ってよい。地上の人間種族は同一類にほかならぬ。」（*Ideen zur Philosophie der Geschichte der Philosophie*, 1784-91, 鼓常良訳『人間史論』第二部、白水社）。

(18) 一七〇〇年代に植民地化の拡大とともに伝道活動も活発化したことが念頭に置かれる。

(19) 底本の編集者ジェシンは「合理的理性と環境世界等の考察から神概念を展開しようとする合理主義の自然神学」が念頭に置かれるとしている。ちなみに、カントは『純粋理性批判』で神の「自然神学的証明」を「一定の経験、したがって現存する世界の諸物に関する経験、その性状や秩序が、我々を助けて最高存在者の現実存在を確信させる論拠を与えないかどうかの試み」（*Kritik der reinen Vernunft*, A620/B648）とし、批判している。この規定に即して考えれば、「自然の福音」とは自然界が秩序、すなわち科学的法則に即し、美と合目的性を有するという感覚的与件から神の存在を導こうとする、啓蒙主義的神学の立場である。このことを念頭におけば、グルントヴィが「感覚化されたキリスト教」と等値して説明することも理解できるように思う。ちなみに、同時代のデンマークでは神学者であり、政治家であったグルベア（Ove Høegh Grudberg, 1731-1808）が一七六五年に『自然神学』を著し、啓示の必然性を主張したことも参照点となる。

(20)「エーゼの時代のグリーンランドの伝道」。エーゼ(Hans Poulsen Egede, 1686–1758)はノルウェー生まれのルター派伝道師で、グリーンランドの使徒といわれる。彼はかつてヴァイキングがグリーンランドに定住したとする話を聞いて、一七二一年にグリーンランドに渡り、ヴァイキングたちをルター派に改宗させようと志したが、ヴァイキングの子孫はすでに死に絶えていた。しかし、その地で彼はイヌイットの人々と出会い、イヌイット語を習って、キリスト教のテクストを翻訳し、布教活動を行った。彼の著作として『古グリーンランドの新たな調査』(一七二九年)が残されている。

(21)ジャン・ポール(Johann Paul Friedrich Richter, 1763–1825)はドイツ生まれのユーモア小説や物語で知られる作家。『タイタン』(一八〇〇〜三年)『厄介な時代』(一八〇四〜五年)ほか多数の作品を公刊したが、ここで著者が言及しているのは『レヴァナあるいは教育理論』(*Levana oder Erziehungslehre*, 1807)のことであり、「一休み」とはその作品のなかにジャン・ポールが挿入した多くの冗談による脱線話のことと思われる。

(22)『旧約聖書』「創世記」の第二章、一八節が念頭にある。

(23)個的な意識が自己意識として自覚され、発達することと、聖書的な説話の延長ではあるが、人類の歴史展開がパラレルになっていて、後者が前者の前提と主張されているところは、ヘーゲル『精神現象学』(一八〇七年)に提示された基本構図と酷似している。ちなみに、エンゲルス(F. Engels, 1820–95)は進化論的な段階を踏まえたうえで、この構図を「発生学および古生物学に対応する精神の学」のものとし、「さまざまな段階を通過する個人の意識の発展を人類の意識が歴史的に経験してきた諸段階の短縮された再現」(Ludvig Feuerbach und Ausgang der klassischen deutchen Philosophie, in: *Marx-Engels Werke* Bd.21,1888, 山科三郎・渡辺憲正訳『フォイエルバッハ論』大月書店)と特徴づけている。

（24）グルントヴィは『世界における人間』以前に、『連関のなかでの世界年代記の簡潔な概念』（*Kort Begreb af Verdens Krønike i Sammenhæng*, 1812）や「歴史的哲学・学芸——あるいは年代記の概念」（Om Historisk Vidskab: eller: om Krønikens Begreb, 1816）などの諸論考を公表している。

## 第六章

（1）「力」は〈Kraft〉にたいする訳語であり、精神的なものを含意する。これにたいして「強力」は〈Styrke〉に当てた訳語で、物理的な側面が念頭に置かれる。したがって、グルントヴィの「力」はすべて精神的なものにかかわる知的・道徳的作用と考える必要がある。

（2）ここでは「愛」（Kiærlighed）と「傾向性」（Tilbøielighed）との混同が問題である。カントは、「欲求能力が感覚に依存するのを傾向性という。それだから傾向性は常に欲望であるということができる」（Kant, *Grundlegung der Metaphysik der Sitten*, 1785, 篠田英雄訳『道徳形而上学原論』岩波文庫）として、彼の実践哲学において物的な対象に由来する感情である「傾向（性）」（Neigung）と純粋な理性に由来する義務との混同を厳しく戒め、「愛」（Liebe）も実践的な愛と受動的なそれとを二元的に区別して、その意義を抑制している。グルントヴィの「愛」と「傾向性」の理解はひとまずこうした二元論をふまえたものであるが、しかし「愛」（Kiærlighed）はむしろ両対立項の相互作用による統一調和をめざす、きわめて積極的な原理として意義づけられており、ここにカントとグルントヴィの基本的差異がある。ちなみに、こうした発想はカント的な理性宗教から『キリスト教の運命とその精神』（一七九七年）においてロマン主義的な愛の宗教へと移行していった青年期のヘーゲルを思い起こさせる。

（3）底本の編者によれば、「父としての真理の表象」という表現が「父についての真理の表象」に置き換えられた。

（4）「この愛が精神的であるかどうか、婚姻の愛においてもっともよく示される」。この点でのグルントヴィの思想は、家族やその核となる婚姻をカントのように機械的な契約関係としてとらえず、婚姻において「自然的両性の一体性が、精神的な愛へ、自己意識的な愛へ変えられる」（Hegel, *Grundlienien der Philosophie des Rechts*, 1821、藤野渉・赤沢正敏訳『法の哲学』中央公論社）とするヘーゲルに接近している。

（5）「受け取ること」は〈at fatte〉、「概念把握すること」は〈at begrebe〉の訳語、前者は一般的に知覚することの意味に、後者は学問的な理解の意味に対応させた。

（6）第一部第五章の注（6）を参照。

（7）底本の編者によれば、「はるかにより高いものにおいて」という表現が「何かより高いものにおいて」という表現に置き換えられた。

（8）学問［的慣習］（Videnskabelighed）。グルントヴィは学問の基本性格や営為、慣習などをこの概念で表現しており、それはドイツ語の〈Wissenschaftlichkeit〉に相当する。さらに、グルントヴィには、アカデミックな意味での科学的、学問的営為に限定されず、直観的なもの、つまり表象や像にかかわる技芸や反省的営為、機知などを含めた人間の知的探求の総体を哲学・学芸（Vidskab）概念を用いて表現している。この点は「序」の注（8）も参照。

（9）ここではシェリング的な知的直観の立場が批判されている。

（10）シュテフェンス（Henrik Steffens, 1773-1845）はコペンハーゲンのエラーの学堂で行われた一八〇二、三年の講義を記録した『哲学講義序論』で「今我々が霊感に駆られるように全体を評価するなら、以前のように不分明だったものすべてが、明快で鮮明になる」（*Indledning til Philosophiske Forelæsninger*, ud. af Jonny Kondrup, C. A. Reizels Vorlag, 1996）と述べていた。

（11）「実践的魂論」と「実験的身体論」はそれぞれ、〈practisk Pyschologie〉と〈experimental Physiologie〉に対応させた。両者は直接的に現代用語に置き換えるなら「実践的心理学」および「実験的生理学」とすべきであろうが、グルントヴィの理解は、このテクストの構成に示されるように身体や魂を相対的に独立した実体世界として扱い、その相互浸透、相互作用を問題とするので、むしろ古代的な、たとえばアリストテレス的な概念用法へと遡っているように思える。

（12）ここで「詩的」は〈poetisk〉の訳語で、詩情あるいは詩作（Poesie）に繋がるが、その語源であるギリシア語の動詞〈poieō〉、その名詞形〈poiēsis〉には元来、制作（する）、創造（する）、生産（する）などの意味があり、グルントヴィによって詩的なものと（歴史的）創造とを連携させる論理の背景になっている。

（13）天体の運行や月の満ち欠けなど世界の全体を外的な対象として科学的にとらえようとする「天文学」（Astronomi）にたいして、「宇宙論」（Kosmologi）は世界を人間の存在や魂など、内的主体的な事象をも含めて理解しようとする、いわば哲学的・形而上学的な学問である。周知のように、カントは『純粋理性批判』でこのような形而上学の虚偽性を批判し、それを学問から分離したが、カントに続くドイツ観念論の自然哲学的傾向、とくにシェリング哲学は、こうした学問を積極的なものへと転回する。グルントヴィはこの発想を継承している。

（14）「普遍史的知識」（almindelig historisk Kundskab）の概念は後に『北欧神話記』（一八三二年）の第一序論にいわれる「普遍史的哲学・学芸」（universal-historisk Vidskab）と響き合い、事実の記述に重点を置きつつも、精神的な意味を含む歴史的知識を表現する。これらは人間的なものだが、このテクストが書かれた段階では信仰と密接不可分に結びついている。グルントヴィにあって人間的知識と信仰の真理との区別は、K・タニンが主張するように、イギリス留学後の『北欧神話記』以降に明確になる（K. Thaning, *N. F. S.*

*Grundtvig*, Det Danske Selskab, 1972, 渡部光男訳『北方の思想家、グルントヴィ』杉山書店)。

(15) 第一部第四章の注（6）を参照。

(16) ヴィジョン（Vision）は想像力の活動によるものであるが、予見性、ないし先見性を不可欠に含むものであり、このことはグルントヴィの観取（Syn）あるいは直観（Anskuelse）の概念が歴史の終末以前にはつねに過程的で、過去、現在だけでなく、未来への視座を含むことを意味する。

(17) ヘルダーは人類の展開が同一の起源から多様な風土的なものに規定されて分化していくと主張し、言語の発達多様化もそれと平行すると考え、次のように述べている。「地球上にある人間の言語もただひとつだけである。しかし、この大きな種族が数多くの小民族に分化したように、その言語もまた、数多くの民族に分かれたのであった」（J. G. Herder, *Abhandlung über dem Ursprung der Sprache*, 1770, Suhrkamp Verlag、大阪大学ドイツ近代文化研究会訳『言語起源論』法政大学出版局）。グルントヴィがここで「根本言語」（Grundsproget）というとき、そのような言語の原型が念頭に置かれているものと思われる。なお、第五章の注（9）も参照。

(18) この点にかかわることだが、カントは『純粋理性批判』の第一版の序文の注（一七八一年）で次のように述べている。「現代は固有の意味で批判の時代であり、すべては批判とともにおかれざるをえない。宗教はその神聖さによって、立法はその尊厳によって、たいていこの批判を免れようとする。だがこうして宗教も立法も自らにたいする当然の疑惑を呼び起こすのであり、偽りのない尊敬を請求することができない。理性は、理性の自由で公的に開かれた吟味に耐えることのできるものにのみ、この尊敬を認めるのである。」（I. Kant, Vorrede zur erstenAuflage, in: *Kritik der reinen Vernunft*, A Ⅷ)

(19) 啓蒙の時代の基本的な主張は自己目的としての人間の解放、人間の権利の確立である。だがグルントヴィは時代の主潮流であった理性的啓蒙を感覚的人間を基本目標とするものと解し、そこにソフィスト的な思想を見ている。つまり「人間という目標」はプロタゴラスが語ったとされる「人間は万物の尺度である」(pantōn metron ho anthropos) とする人間中心主義を示唆している。しかし、同じ「人間という目標」を標榜するにしても、グルントヴィにあって人間は宗教的に、あるいは形而上学的「真理」に制約され、マルクスにあっては「必然の領域」としての世界の物的、社会経済的条件に制約されている。

(20) ティベリウス (Tiberius, 42BC–14AD) はローマの最も偉大な将軍の一人で、第二代のローマ皇帝、イエス・キリストが活動し、刑死したときの皇帝である。ちなみに、イエスのことば「神のものは神に、カエサルのものはカエサルに」の「カエサル」とはティベリウスのことである。

(21) 「そのことばが真理の口から駆り立てられず……」。本論考の刊行後の一八二五年頃とされる「類まれな発見」(mageløs Opdagelse) によって、キリスト教の原理は著作ではなく、教団会衆のなかで交わされる「生けることば」だとするグルントヴィ固有の立場が確立するが、ここですでにその思想の萌芽が顔を出している。

(22) 「槍の地上的寓話」。ここでの槍は、架刑に処せられたイエスの死を確認するために脇腹に刺したとされ聖槍のことが念頭にあると思える。そのさい、イエスを刺したロンギヌスとされるローマ兵は眼が不自由であったが、イエスの血に触れることで視力を回復し、その後に改心し、殉教者にさえなったという。

(23) 新約聖書の「ヨハネによる福音書」の第一四章六節にあることばだが、それは神の子であるイエスが語り、人間はイエスを仲介者として神に結びつくことが述べられている。このことから、『世界における人間』のテクストが繰り返し主張するように、一方で人間の直接的独立性が否定されているのであるが、同時にこの引用はイエスを仲介者とせずに神と結合する立場も批判していることになる。ちなみに、ルターも『キリスト者の自由』でこのことばに言及している。

## 第二部　人間の条件

### はじめに

（1）結び目。第一部「世界における人間」の第四章の注（8）を参照。
（2）グルントヴィの生の啓蒙の光は信仰上は神からの光だが、世俗的には陽光ととらえられ、人間理性の光とは区別される。後者は比喩的に夜輝く月や星々のようなものとされる（拙訳『生の啓蒙』を参照）。
（3）プラトン（Platōn, 427-347BC）はイデア説を提唱した古代ギリシアの代表的な哲学者の一人。セネカ（Lucius Annaeus Seneca, ca.4BC–AD65）はローマ時代の政治家であり、ストア派の哲学者として知られる。ここではプラトンやセネカによって論じられた想起説、霊魂の不滅説が念頭にあると思われる。
（4）人間の死を意味する。
（5）イエスのことばを意味する。
（6）アウグスチヌス（Aurelius Augustinus, 354–430）は古代キリスト教の代表的神学者、ベルナルドゥス（Bernardus Claraevellensis, 1090–1153）はフランスの修道士で、ベネディクト会改革の主な指導者。ルター（Martin Luther, 1483–1546）はドイツの神学者で宗教改革の中心人物。バレ（Nicolai Edinger Balle, 1744–1816）はデンマークの神学者でグルントヴィの義理の叔父。シェラン島の監督を務めた。
（7）ここでは、カントが『純粋理性批判』のことばが念頭にある。第一部「世界における人間」の第六章の注（18）を参照。

### 第一章

（1）関連して第一部第三章の注（7）も参照。
（2）『旧約聖書』「ヨブ記」の第一四章の記述が自由な仕方で引用されている。

（3）「賢者の一人」とはヘレニズム時代の哲学者エピクロス（Epikouros, 341-270 BC）のことであり、グルントヴィは彼のことばをこの論文のコンテクストに即して翻訳している。ちなみに、エピクロスのテクストには「死は、もろもろの悪いもののうちで最も恐ろしいものとされているが、じつはわれわれにとって何ものでもないのである。なぜかといえば、われわれが存するかぎり、死は現に存せず、死が現に存するときには、もはやわれわれは存しないからである。そこで、死は、生きているものにも、すでに死んだものにも、かかわりがない。なぜなら、生きているもののところには、死は現に存しないのであり、他方、死んだものはもはや存しないからである」（『エピクロス　教説と手紙』出隆、岩崎允胤訳、岩波書店）という部分がある。

（4）ここでグルントヴィは奴隷制度、広義には身分あるいは階級制度にまつわる身体的分離、解体状況に言及していると思われる。

（5）前注で言及したエピクロスは、自然で必要な欲求にしたがう心の平静な状態を真の幸福な生活とし、アタラクシア（ataraxia）と呼んだ。グルントヴィはここで、このエピクロスのような思想を問題としている。

（6）『新約聖書』マタイによる福音書第五章の四を参照。

第二章

（1）「身体活動」は〈idræt〉に与えた訳語。この語にはスポーツの意味もあるが、スポーツが競争や競技の意味をもつのにたいして、身体活動は、元来は体操やリクリエーションなど必ずしも競争関係を含まない概念である。それゆえ、後に「身体活動」とは別に、「身体競技」（konkurrenceidræt）といった概念が生まれた。

（2）「イザヤの手」は旧約聖書イザヤ書にいわれる「あなたがたが手を伸べるとき、わたしは目をおおって、あなたがたを見ない。たとい多くの祈をささげても、わたしは聞かない。あなたがたの手は血まみれである」（第一章の一五）を、「ヤコブの叫び声」は新約聖書ヤコブの手紙いわれる「富んでいる人たちよ。よく聞きなさい。あなたがたは、自分の身に降りかかろうとしているわざわいを思って、泣き叫ぶがよい」（第五章の一）が念頭にあると思える。
（3）スポロン（Benjamin Georg Sporon, 1741-96）はケーエ市生まれのデンマークの作家で、一七七五年から九二年に『明解デンマーク語』（*Entydige Danske Ords Bemærkelse*）を出版した。
（4）第一部「世界における人間」の「序」の注（3）を参照。
（5）「霊感にとらえられる」ことは、ドイツ語式には〈beseelt〉、すなわち、生気を吹き込まれる、活気があるといった意味、つまり「脚色」された意味になる。他方、アイスランド語式には霊感を伴う「古い書物の精神」（Aand）は「いたずら話」（And）と表記される。

第三章
（1）この命題はデカルトの『方法序説』で宣言される「私は考える、ゆえに私は存在する」（cogito ergo sum）とされる有名な哲学原理との対抗関係が意識されている。
（2）第一部、第三章の注（8）を参照。
（3）アダムとイブが念頭にある。
（4）なお、神の存在証明について、カントが『純粋理性批判』の「先験的弁証論」のなかで、神の存在証明を存在論的証明、宇宙論的証明、自然神学的証明の三つのタイプに分類して批判しているので、ここで参考のためにそれぞれを紹介示しておきたい。第一の存在論的証明は神の概念には存在も含まれるので、神が存在するとする。第二に宇宙論的証明は、世界に依存的、偶然的なものが存在するとすれば、それは無条件で独立的な存在者によって条件づけられ、根拠づけられるとする。最後に、自然神学的証明は世界の美や崇高の感情の基礎には、それを生み出したものの意図が働いているとして、神の存在を推理するものである。カントは、それぞれを不可能な証明としたが、グルントヴィはここで宇宙論的証明を受け入れており、したがって、カントからすれば誤謬であるが、本書の第一部の「世界における人間」はそうした証明の体系になっている。

（5）底本としたテクスト、*N. F. S. Grundtvig Værker i Udvalg* の編者H・コックによれば、『新約聖書』「使徒行伝」の第一章、二六、二七節が念頭にある。

（6）テクストの編者コックは、欄外の注で神学者ホルスト（L. Holst）編集による『母の思考と経験に教えられた最早期の教育の基本諸規則』（*Nogle Grundregeler ved den tidligste Opdragelse. Uddrag af en Moders Tanker og Erfaring*, 1812）をあげている。

（7）『新約聖書』「コリント人への手紙」の第二章一〇節では、私たちの闘いの武器は肉のものではないが、要塞を打ち破る力があり、思弁や、神の知識に逆らう高ぶりを打ち砕くとしている。

（8）北欧神話の神ヘイムダルについての言及である。ヘイムダルは甲高い声をしたアースガルズ（神の領域）の見張り番であり、危機の到来をギャラーホルンという角笛によって告げ知らせとされる。なお、グルントヴィは「北欧の学問的連携」（拙訳『ホイスコーレ上』風媒社）の末尾で、ヘイムダル神話の意義について言及している。

（9）大陸ヨーロッパやイギリスで活動した無神論、感覚論、理神論、汎神論的傾向をもつ啓蒙思想家たちが念頭にある。

（10）編者コックによれば、『新約聖書』「使徒行伝」の第一七節の二八が念頭におかれている。

第三部　補録　人間の生によせて

（1）『旧約聖書』「創世記」の第一章二六節、二七節には、神が「我々のかたちに、我々にかたどって」人間を創造したとある。
（2）『旧約聖書』「創世記」の第二章一六節を参照。
（3）『旧約聖書』「創世記」の第三章の記述が念頭におかれている。
（4）洗礼者とは、イエスに洗礼を授けたヨハネのこと。

# 旧版への訳者解題

## 一

通常、日本の読者にまだ馴染みの薄い思想家の著作を訳出し解説する場合、その著作の概要と合わせて、著者がどのような経歴をもち、どのような思想系譜につらなるのか、つまり著者が誰なのかを少なくとも説明しなければならない。グルントヴィは私たちにとってまだそうした思想家に属するが、さいわい訳者は以前、H・コックの手になる『グルントヴィ』（風媒社、一九九七年）を翻訳刊行しているので、詳細をそちらに譲り、ここでは簡単な紹介にとどめることができる。

N・F・S・グルントヴィ（Nikolaj Frederik Severin Grundtvig）は一七八三年にデンマークのコペンハーゲンのあるシェラン島の南部のウズビュという片田舎の教会の牧師館に生まれ、ユラン半島やランゲラン島の田園生活にも親しみながら成長し、後年コペンハーゲンで、詩人として、牧師としてさまざまな著作活動や言論活動を行い、また政治家としても足跡を残して一八七二年に亡くなった近代デンマークの「国父」ともいわれる思想家である。彼は、小国デンマークの文化の共通分母となり、民衆とともに歩んだ国民的アイコンとなって、日本でも「日本デンマーク」として豊かな農村づくりをめざした大正期を前後する時代に紹介が行われ、その後「死せる犬」として忘却された感はあったが、近年になって再びデンマーク民主主義の源流として、ホイスコーレの理念的な提唱者として、多方面から熱い視線が注がれるようになっている。

しかし、意外と思われるかもしれないが、グルントヴィのテクストが原典から和訳されるのは、おそらく本書がはじめてである。訳者の意図はなによりこれまで構成されてきたグルントヴィの思想を更新し、現代に生きるグルントヴィの思想を再構成したいという思いである。というのも、本書『世界における人間』は、端的に従来のグルントヴィ像の変更を求める内容を含むからである。すなわち、この著作は一八一七年にグルントヴィ自身が編集・執筆にあたった雑誌『デーンの防塁』（*Danne-Virke*, 1816-19）の第二号に公刊されて以来、百数十年間は印刷に付されず、これまでに編まれた重要な二種類の著作選集、すなわちH・ベートルップ編の選集（*Grundtvigs Udvalgte Skrifter*, 1905）にも、G・クリステンセンおよびH・コック編の選集（*Grundtvig Værker i Udvalg*, 1940-49）にも収録されていなかった。もとより訳者はその事情を知る立場にいないが、しかし、一九八三年のグルントヴィ生誕二〇〇周年を期してようやく、本書の底本が、K・B・ジェシンによって編集され、ヘアニン市のポール・クリステンセン社から刊行されることになった。そこからこの著作が幾つかの点で、それまでの国民的思想家、「デンマーク的性格」（Danskhed）を象徴する思想家とみなされたグルントヴィを普遍的思想家としてとらえ直す可能性を提起している。たとえば、彼の哲学は「生けることば」（det levende Ord）による精神的相互作用を原理とするものとされるが、本書では同時に「手」の役割を核とする感情論、身体論が展開され、自然と人間との相互作用をとらえる通路が拓かれている。加えて、彼のホイスコーレ構想においては、これまで「生のための学校」（Skole for Liv）とされるフォルケ（リ）ホイスコーレに注目が集められていたが、そこに尽くされるものではない。本書で論じられる学問論は後に『国家的啓蒙』(*Statsmæssig Oplysning*, 1834)でいわれる「快の学校」(Skole for Lyst)としての大学の基礎をなし、北欧大学の構想と密接にかかわるものである。こうしたことはグルントヴィの思想が、それぞれの時代の課題に対応して深い、重層的な構造をなすことの証左であり、かなり広範囲の宇宙論、コスモロギーを含むものであることを意味する。訳者が本書『世界における人間』の翻訳を先行させることに思いいたったのも、これらの諸点を積極的に受け止め、なにより現代に生きる普遍的なグルントヴィ哲学に迫りたかったからである。

このことにかかわり、訳者にはひとつの希望もあった。それは現今の世界が大きな転換のもとにある、つまり二〇世紀の後半を支配した冷戦構造がすでに崩壊し、そのことで勢いを得た新自由主義の世界支配も超大国のユニラテラリズムもともに破綻し、政治、経済、文化の全領域が新たな展開方向を模索しつつあることである。こうした歴史の大きな変動のなかにあって訳者には、もう一五〇年も前のヨーロッパ辺境の思想家ではあるが、彼の遺産が積極的な意義をもちうるという確かな予感があった。本書『世界における人間』が新時代の方向づけに何らかの仕方で寄与しうるとの確信であるが、そのことを具体的に提示するにはなにより著者の思想原理となる「生の啓蒙」のポテンシャルを引き出すことを要請している。遺憾ながら訳者の現状の研究水準は初歩的であり、このポテンシャルを十全に開示できるレヴェルにまだない。それでも訳者は問題の重要性を十分に感じていて、本書の和訳を基点に研究、解明を今後いっそう進展させたいと考えているところである。

ここでグルントヴィの思想形成における本書の位置について簡単に補足しておこう。すでに述べたが、本書のオリジナル・テクストは『デーンの防塁』誌に掲載されたものである。この時期のグルントヴィはまだ三〇歳代半ばで、いわば「グルントヴィ以前」ということもでき、一八二五年頃の「類まれな発見」(mageløs Opdagelse)による彼の「生けることば」(det levende Ord)に導かれる教会観や、イギリス留学を経て一八三二年頃に確立される人間観および学問観が、つまり信と知、教会と学校とを分離して形成されるそれらがグルントヴィを成熟したグルントヴィたらしめる。その意味では、本書はその時期を十年以上も遡り、一八一〇年、十一年の彼自身の大きな精神的危機を経て、彼が「地下室」での理論的探求を続け、また正統ルター派に近い位置にあった時期に公表されたのだから、信仰と知識とが連続的、一体的にとらえられ、外見上はドグマ神学の様相を呈していることは否めない。

だが、他方で本書を含む『デーンの防塁』の諸論考には、グルントヴィの他の時期の活動に見られない大きな特徴がある。それは彼の著述が極めて原理的、哲学的に展開されている点である。たとえば、「哲学・学芸」(Vidskab)といった独自の概念が提示され、「永遠の生」についての叡智(サピエンチア)が人間的に哲学的な概念に翻訳され、しかも経験的な科学知(スキエンチア)に媒介されることで独自のスタンスがかたどられている。本書はこのスタンスによって、グルントヴィの学問観、人間観が思弁的観念論からも単純経験論、感覚論からも区別され、同時に両者の止揚を可能ならしめている。こうしたことがらの性格上、本書では後年のグルントヴィに特有の「民属・民衆的」(folkelig)な言説、ナショナリストの言説は鳴りを潜め、むしろ思想の普遍的地平が開示される。このことはそのまま、グルントヴィをたんにデンマークの国民思想家にとどまらず、人類の思想遺産ともみなしうる可能性を拓き、辺境に埋もれた思想に光を当てることの意義を提起する。率直にいえば、訳者自身はこのようなポジションにある思想家に深く共感を覚えるので、本書が何らかの仕方で読者の眼にとまり、多様な議論の呼び水になることを願わずにはおれないのである。

二

以下、訳者の眼に付く諸々の論点のいくつかにふれるかたちで、本書を大まかに概観してみよう。章立てやタイトルは基本的に訳者が便宜のために配置したものであるが、「人間の身体的条件」(第三章)、「人間の精神的条件」(第四章)、「人間の自己自身にたいする関係」(第五章)の三つの表題はK・B・ガイジンの編集によるオリジナル・テクストに記されたものである。したがって本書は世俗的、現世的世界における人間がシンプルに、「身体」(Legeme)、「精神」(Ånd)、「自己自身」(sig selv)の三要素に条件づけられ、それらの有機的連携によって存在することが示唆されている。しかし、「身体」は物質的なもの、自然的なものにかかわり、「精神」はまさに精神的なものであって、それら両項を運動させ、媒介・浸透させる生ける原理こそがまさしく「自己」あるいは「魂」(Sjæl)といわれるものである。それゆえ、「身体」の解明は広く、時間、空間の解明にかかわり、「精神」の解明は諸民属や人類の文化にかかわり、「自己」や「魂」は各人および集団の心にかかわる。この意味で、本書は小冊子ではあるがその内容は一種の宇宙論(コスモロギー)を提示し、自然観、人間観、文化(人類)論、心理学、学問論、道徳理論等を包摂する壮大な哲学体系の凝縮ともいえる。もちろん、これら諸部分が後に詳細に展開されたわけではなく、ある部分は展開されたが、大部分は萌芽的なかたちで言及されるにとどまったので、一般的にはグルントヴィは非体系的な思想家と見なされている。

だが、私たちは本書によって、彼の思考パターンや不均等なかたちをとる思想的発展の全体を連関したものと理解することができる。その意味で、グルントヴィとは誰かを哲学的に簡潔に語る場合、本書は必読のテクストである。こうした全体イメージのもとに、以下で概要を示しつつ、いくつかの論点を見ていこう。

まず［序］では、グルントヴィの時代認識が要約的に示されている。その構図にしたがえば、彼は一八世紀啓蒙が、経験世界において人間を正確に理解したと誤認し、「見えざるもの」を無視してしまったことを批判している。たしかに彼はこの時代の到来が必然的であり、歴史を一歩前に進めたことを認める。だが、このことにより心と精神の物象化が進展し、万物を死せる状態に立ちいたらせ、私たちに目標と行くべき道を見失わせた。私たちはいわば「彷徨える羊」になってしまったのだが、この状態を所与としながら真理への覚醒をめざすことが本書の課題とされる。この姿勢はまさにソクラテス的反省であり、優れた意味で哲学的なものである。この課題にたいして本書はまず時間、空間、創造を契機とする宇宙論（コスモロギー）によって全体を枠づけ、さらに「身体」、「精神」、「魂」の三つの人間の諸条件を論じるという形式をとっている。

とはいえ、一八世紀啓蒙批判という課題の遂行に当たって、グルントヴィは通常のロマン主義や保守主義のように啓蒙の否定、旧世界への憧憬や回帰を指向するわけではない。後に「生の啓蒙」（Livs-Oplysning）に一括される立論は、むしろ啓蒙の、進化あるいは深化というべきである。彼は先にふれた全般的な物象化状況を克服し、精神化すること、いわば経験世界と「見えざる手」とのつながりを回復しつつ、歴史を前方に展開しようとするものであった。そのさいの前進の目標にたいして宇宙論的、神学的な根拠づけが与えられる。その骨格をなすものとして、まず第一章で「時空における人間」に展開される独自の時間・空間論が示されている。

周知のように、一八世紀ドイツの哲学者カントは『純粋理性批判』において空間と時間を感性的直観のアプリオリな形式として把握し、人間的認識の一方の源泉の主観的な枠としたのだが、グルントヴィは第一章でこのような時空の主観化を念頭において批判している。カントのように時空を主観化したからといって、それがただちに人間中心主義を意味するわけではないので、訳者にはグルントヴィの批判がそのまま妥当するとは思えないのだが、いずれにしても彼は時空の主観化が人間的認識の制約を撤廃し、人間中心的立場を導くととらえている。グルントヴィは神学的な視点、あるいは神による創造という条件から人間の無制約な自由や人間中心主義にたいして一貫して異論を提起するが、そのことで時空はむしろ世界自身の形式として存在論的にとらえかえされる。これはドイツ思想史の上で、カント的観念論からシェリングやヘーゲルのような客観的観念論の方向への歩みと相即するものであり、諸学問の分岐を必然と見る近代的視点からすると、独断的とまではいわないまでも、事実と価値、物理世界と意味世界を混同した形而上学である。こうした点でたしかに、グルントヴィの議論は自然の客観的形式を指向する自然科学を内的に豊饒化するような視座を含んでいるとは思われない。だが、そうした制約をふまえつつ、私たちが意味世界を対象とする精神的諸科学や倫理的、芸術的な実践に眼を向けると、ここからは示唆に富む世界観と方法を取り出すことができる。本書の公刊後に、イギリス留学を経て書かれた『北欧神話記』（*Nordens Mytologi*, 1832）に結実する「普遍史的哲学・学芸」（universal-historisk Vidskab）がそれである。

ともあれ、本書の論点を要約すれば、時空の現実性とは光と闇、真理と虚偽との間の闘争である。両者の離反が時空の生成であり、これにたいして光あるいは真理による闇あるいは虚偽の解明の完成がそれらの終結である。これら両項の闘争を担い推進する存在者が、「真理の像としての人間」、しかもそのことの自己意識に達した人間である。それはたんに自然界にあって知性を発達させた人間、したがって人間中心主義からする人間ではない。むしろ、本書の時空観はその背景にある神による創造という神学的条件によって規定される。こうして、グルントヴィの哲学は神学と連結させられ、「神学の端女」のような外見をとる。だが、この哲学と神学との連続性にかかわって、後に、『北欧神話記』の段階にいたって信仰と知識とが明確に区別され、信仰にかかわる教会と哲学や芸術にかかわる学校との分離、さらには宗教と国家との分離が宣言される。本書はまだ、そうした知の近代的分化の一歩手前にあるが、しかし、彼自身がそうした分化の歴史的方向を認めているので、本書と後年の「成熟した」グルントヴィへの思想展開は転向や飛躍といった面だけでなく、自然な進化とでもいうべきものを含んでいる。それゆえむしろ、体系的ヴィジョンを凝縮した観のある本書はグルントヴィ哲学の原型として、その生成の秘密をよく開示してくれていると解することができるのである。

三

すでに述べたように、本書は人間を「身体」、「精神」、「自己」あるいは「魂」の三つの諸条件によって考察する。これらから、訳者なりに幾つかのポイントを取り上げてみた。

まず第一に、グルントヴィがその考察の出発点に置く「身体」についてふれよう。このことによって彼は正統ルター派時代以来ずっと、経験的世界とその認識を重視していること、彼の哲学には当初からボトムアップ的性格が内在していたことがわかる。この点で、グルントヴィは自然界の総体を、①無機的自然界、②植物界、③動物界、④理性的自己意識をもつ人間界の四層に区別しかつ連関させ、意識性のポテンシャルの差異によって、人間を頂点として位階的に把握している。こうした点は、シェリングとその自然哲学をデンマークに導入したシュテフェンス（Henrik Steffens, 1773-1845）の影響であることはまちがいない。

だがここで肝心な点は、グルントヴィが身体（Legeme）を有機的統合体としての生けるものと解し、一方で解剖され、切り離された「死体」（Liig）と区別し、他方で人間の身体を動物的身体との階層的な区別と連関のなかでとらえていることである。彼にとって重要なことは、身体的世界を探る学問の根幹が分析的なものでなく、有機的統合体において対象の位置を探るものであること、さらに、身体はたんに物質と精神との二元論を前提とし、その一方の元とはとらえられていないことである。動物にたいして人間の身体は「ミクロ・コスモス」として諸感覚の全般的統合体であるとともに、理性的、反省的自己意識を備えることによって、物質と精神との相互浸透の歴史的通路になっていることなどが主張されている。ここでこれらの諸点を説明し尽くすことは到底できないが、それでも、グルントヴィは自然と精神との「絶対的無差別」を主張するシェリングを踏まえながら、その立場を自いる。

然界の頂点において、意識性の最も高度に発達した人間の歴史に包摂するヒューマニズムを提示している。

ちなみに、こうした身体論において、訳者が最も興味を覚えるのは触覚感情論であり、その中心におかれる「手」の役割である。手は、外的な対象を受容するとともに内的な知性を働かせ、知的にも行為によっても人間と自然とを媒介とする独自の器官、能動と受動が交差する器官であり、それ自身が人間の身体性に独自で、人間をして動物に優位せしめる身体器官とされる。この点は『経済学・哲学草稿』において人間的感性の総体的解放を論じたK・マルクスや、猿が人間化するさいの「手」の決定的役割を論じた『自然の弁証法』のF・エンゲルスを想起させる。もっとも、マルクスやエンゲルスが「手」において一九世紀イギリス的な大工業を、深刻な疎外とその止揚を社会主義、共産主義の視座から革命的体制転換と結びつけて把握していたことに比すれば、グルントヴィは、イギリスの大工業のなかの疎外を、よりプリミティヴなデンマークの農業社会の視座からとらえなおし、その克服を北欧文化が担うべき使命と考えるようになる。両者には疎外の克服という問題意識は共有されているが、「手」にたいするヴィジョンは自ずと異なる。訳者はこの点に大きな関心を寄せているが、遺憾ながら現段階でそのテーマを論じる準備がまだできてない。

次に、グルントヴィが考察する人間の条件は「精神」である。ただすぐにわかるのだが、この項目にかんする記述が「身体」や「自己」に比してあまりに短いことである。ここではその理由を訳者なりの推測について記しておきたい。グルントヴィの宗教観は基本的に三位一体論に立脚するものであり、それゆえに、宗教用語でいう「精霊」（Ånd）が実体として重視されることはしばしば論じられる（H・コック『グルントヴィ』拙訳、風媒社）。しかし本書は神学書ではなく、むしろ彼の神学を哲学へと翻訳する役割を果たしているので、むしろ世俗的な問題が、「精霊」としての「精神」ではなく、歴史的な精神現象としての「精神」が語られている。それは端的に私たちにとっての「ことば」（Ord）、言語の問題に要約される。しかし、グルントヴィはルターを媒介とする近代主体派の思想家であり、現にある精神現象をたんに実体としてとらえるのでなく、同時に主体として把握しようとする。それゆえ、人間の条件としての「精神」は「ことば」によって自己に媒介され、自己と不可分のものとして問われる。つまり、領域的にいえば「人間の精神的条件」論は「人間の自己自身との関係」論と重複するのである。著者が第四章で、詩情や歌謡にふれ、歴史に手短に言及するのも、このこととのかかわりである。

いずれにしても、記述が限定されているので、人間の精神性にかんするグルントヴィの見解は見やすいといえる。繰り返しになるが、それは結局のところ「ことば」の問題である。自然主義者が精神を自然から流出するものとして一元論的に理解するのにたいして、むしろグルントヴィは「精神」と身体（物質）の両項を結合する第三項として「ことば」の意義を見出している。「ことば」は「二つの林のあいだの生ける垣根」と比喩的に表現され、一方で人間が経験によって学び知る諸事実の外的記号であるが、しかし、より本質的には精神と身体の二元論を架橋するものと意義づけられ、その究極の形態として歌謡や詩情といったものがあげられている。歌謡や詩情はまだ不分明な仕方で人間の身体意識のなかに精神に由来する真理を産み落とす。身体の不分明さが精神の明瞭さと一致するまで、時間を媒介として解明がなされること、そのことが認識の課題であり、歴史の意味ということになる。グルントヴィの自然主義・ヒューマニズム（グルントヴィ自身がこの概念を用いているわけではない）の課題は、こうしてまさに詩情や歌謡などを通じて「詩・歴史的ヴィジョン」（poetisk-historisk Syn）という彼の歴史存在論＝認識論を完遂させることであり、それがたんに能産的自然によるのでなく、共同主体的な人間の営為によってなされる点に「ヒューマニズム」といわれる根拠があるのである。

第三の論点に移ろう。訳者は今、人間の身体に精神に由来する真理が不分明な仕方で産み落とされるとした。その意味の「解明」（Forklaring）が以下の行論の課題となるが、それが第五章から「魂」「自己」にかかわって論じられ、そこに私たちは彼の自己意識論の輪郭をうかがい知ることができる。「霊魂」や「自己」とは端的には人間の意識性および自己意識のことであり、人間は意識性によって身体（自然）と精神との媒介者である。だが、グルントヴィがつねに留意しているのは、人間的自立にかかわる問題である。いうまでもなくキリスト者にとって、人間は神の被造物であり堕落した状況下にある。しかし、近代思想はむしろ個別化した自己意識を人間的な自立性の証ととらえ、その積極性を主張する。この意味でグルントヴィはキリスト者ではあるが、はっきりと近代思想の地平にたっている。彼は本書で人間の諸条件の叙述を所与性としての身体性からはじめたが、身体は最も不分明なものとされ、むしろ自己意識こそがもっとも明瞭なものとしている。この姿勢は、アウグスチヌスやトマス・アクィナスといった中世のキリスト教哲学者たちに比してより積極的であり、むしろデカルトやフィヒテの哲学的指向に接近している。より正確にいえば、グルントヴィは人間の内面に宿る神を感知するルターを継承するのであり、そのことが彼をして近代の思想家たらしめている。

とはいえ、彼の近代思想には幾つかの特徴がある。まず、自己をたんなる身体を備えただけの自己とせず、その根底に永遠性に由来する「真理」の啓示を見る。それは、人間が保持できる叡智（サピエンチア）の根拠である。しかし第二に、グルントヴィは真理探求を人間の生の最高の目的とするが、しかしそれは主知主義的に矮小化されるわけではない。むしろ「根本意志」やその自覚としての「良心」をベースとして実践的、実験的に把握される。したがって、人間の「自己」「魂」は基本的に精神的な真理を受容する感情的存在者であり、この点で人間は基本的に非自立的であり受動的であるが、同時に他方で、人間は内面に受容される良心の声と行動に媒介されて表現され、また自己認識される。この意味で、人間は自己言及的で能動的な存在者である。つまり人間の感情的受動性は同時に創造的能動性を含意する。

この受動と能動との関係性がグルントヴィの人間観の特質であり、そのことが彼の思想を自然主義からも人間中心主義からも区別する指標である。自然主義は自然と精神との絶対的同一性を知的直観によってとらえることで、「半神」のような自立的自己に陶酔し、逆に人間中心主義は人間の「悟性」を真理基準の中心にすえ、個としての人間的自立を至高のものとする。両者は対極にあるように見えるが、じつは人間的共同性を理解できず、そこに価値をおかないという面で共通している。要するに、グルントヴィにとって自立性とか、自己中心性は人間の根本規定ではありえない。彼の「魂」すなわち「自己」は、自然および精神に媒介され、またそれらとの絆を保持する、つまり人類や諸々の民属諸集団の歴史のなかで個人的および集団的に成熟するのである。「自己」は歴史に理論的にも実践的にも媒介されるのであり、それゆえに、その認識において「ことば」の成熟が問われる。ここに、後に『北欧神話記』の第一序論で主題として論じられる「普遍史的哲学・学芸」(universal-historisk Vidskab)の地平が拓かれるのである。

## 四

一般的にいって、近代化は宗教の世俗化、脱神話化と相即して進展する。グルントヴィにかんするかぎり、彼は聖職者でありながらも、後年は宗教自由と世俗化の推進者という一面をもっている。彼はたとえば『北欧神話記』(一八三二年)において、信仰にかかわる教会と、学問や民衆啓蒙にかかわる国家や学校とをはっきりと区別している。数度にわたるイギリス留学を契機として、彼の関心が地上へと強く引き付けられたことは事実であり、彼は国家と教会の分離、教会と学校との分離を提起し、それぞれの領域で大きな民衆運動の思想的先駆者となった。

だが、本書を見るかぎり、グルントヴィはあくまでキリスト者であり、学問や芸術は信仰が目的とする永遠性の下位におかれ、信仰覚醒への触媒的な役割にとどめられているようにも見える。このことは、グルントヴィが、一八一〇年から十一年の時期にむかえた彼の精神的危機をルター派原理主義に向かうことによって克服したことと無関係ではないだろう(Koch 1959)。だが、そうした制約のもとにあっても私たちは本書に後に安定したかたちをえる学問観の原型をうかがい知ることができる。訳者はここで簡単に三つの注目点だけを取り上げ敷衍しておきたい。

まず第一の注目点は、想像力あるいは構想力(Indbildningskraft)の役割である。彼にとって人間の

「魂」は一方で身体を媒介として感覚表象を受容するが、しかし、その表象は多かれすくなかれ、精神によって媒介されている。さらに、内面的な表象はより精神性の度合いの高いものではあるが、やはり身体的な自己感情にも媒介されて表象される。つまり、グルントヴィの知的世界にあっては、純粋な感覚、純粋な身体的経験がありえないと同時に、純粋な精神的経験もありえず、したがって、シェリングのように、自然と精神との絶対的同一性の一瞬にする知的直観もありえない。直観はまずは「予感」(Anelse)であり、知と概念とが表象とともにあり、したがって、表象を形成する想像力が決定的な役割を担う。それは精神的な真理のもとに多様な仕方で諸表象を総合し、詩情、芸術、歴史(物語)、学問などの諸表象系列として表現される。この系列は感性的表象から知的なそれへ、不分明なものから明瞭なものへの「解明」の諸階梯をなすのだが、しかしヘーゲルが『精神現象学』で論じたように純粋概念の境地としての「絶対知」によって終結することはない。むしろ、人間は自己自身を越えたものを純粋に把握することができず、「絶対知」のような「アラディンの城の最後の窓は地上においては得ることができない」(『北欧神話記』第一序論)。人間にできるのは、自らの内面に神の表象を認め自らを「神像」として表象することだけなのである。ここにグルントヴィは知を想像力の範囲内のものとして、カントの「信仰に余地を残すために知を制限」(『純粋理性批判』)するとした立場に結果的には接近しているのであり、本書ではとくに、想像力を介することでつねに何らかの表象に憑かれた知識と信仰との連続面が主張され、両者の区別は背景に退いている。繰り返し述べるように、この点は『北欧神話記』以降の思想と本書のそれとの基本的差異であるが、しかし、いずれにしても、グルントヴィが想像力を最大限に活用して、「世界(世俗)における人間」をとらえ、人間的な知の本性をとらえた思想家であることは否定できない。

第二に、グルントヴィにおいて人間の「自己」あるいは「魂」は連続的な二重性を帯びていることである。つまり「自己」は一方で傾向や欲望の基体としての感覚的、特殊的自己であり、他方で真理に向かう（共同）主体としての精神的自己であり、後者の自覚が根本的な自己感情としての「良心」（Samvittighed）とされている。だが、この「良心」による真理把握は彼において知的直観ではなく、歴史的経験に媒介され、その「ことば」に媒介されねばならない。それゆえ、真理は生きたものとして歴史において諸民属の各々の世代に啓示され、それらの諸民属の営みを通じて実現され把握されるものである。この点でグルントヴィは「自己」をたんに孤立した単独者ととらえず、同時に集団的、歴史的にとらえていることになる。ちなみに、こうした集団や歴史の意義づけは、マルクスのことばを用いていえば、「人間の本質的諸力の披かれた書物であり、感性的に眼前にある人間的な魂論」（『経済学・哲学手稿』）ということである。もちろん、マルクスの念頭におく集団や歴史が労働者階級のヴィジョンに依拠し、国際的（インターナショナル）であるのにたいして、グルントヴィのそれは農民階級的であり、強く「民属・民衆的なもの」（det Folkelige）に媒介されている。この「民属・民衆的なもの」の概念の含意は複合的であり、一筋縄ではとらえられないが、この点は立ち入らない。ここではグルントヴィにおいてより鮮烈なかたちで現れる祖国愛の根拠が、こうした「自己」の集団的、歴史的性格のなかにあることだけを付記しておきたい。

第三に、上記の点ともかかわるがグルントヴィの知的営為（Vidskab）がたんに観照的なものではなく、実践的、創造的なものであることは押さえておかねばならない。これはグルントヴィ自身が本書で「実践的魂論」(practisk Psychologie)と「実験的身体論」(experimental Physiologie)という対概念を用いて語っていることでもあり、このことで彼が学問や哲学を、「精神と塵」とを相互浸透させるところの詩や芸術における創造行為、さらに歴史創造行為と不可分のものとしてとらえていたことになる。こうした点も、ヘーゲルやフォイエルバッハの観照の立場を越えて、グルントヴィと理論と実践とを結合するマルクスの実践的唯物論との類似性さえ感じさせる理由である。しかし、残念ながら訳者にはこれらの論点を展開できる研究蓄積がまだないので、ここではたんに指摘にとどめざるをえない。

## 五

その他、本書は第一章に語られるユーモア論のように示唆深いさまざまな論点を提示しているが、ここでは省略する。最後に、私的なことがらになるが、訳者のグルントヴィや本書との出会いについて簡単にふれることをお許しいただきたい。

あちこちで書いたり話したりしているのであるが、訳者は一九七〇年代の学生時代にドイツ理想主義の勉強をはじめ、一九九二年にデンマークという国に遭遇して、その社会が芸術作品のようであり、理想主義が具体的なかたちをとっていると予感した。これはデンマークの住人からすれば寝耳に水のような見方かもしれないが、そのことを具体的に解明するため、訳者は研究対象をデンマーク社会に転換し、それ以降、デンマーク語の習得や社会生活の観察を行い、諸々の資料の解読を進めてきた。そのさいに読んだグルントヴィの紹介(O・コースゴー/清水満編著『デンマークで生まれたフリースクール、フォルケホイスコーレの世界』新評論、一九九三年）に刺激を受け、グルントヴィのオリジナル・テクストを読み、和訳してみたいという気持ちも強くなった。だが、彼の原著はまるで呪文のようで、訳者には何がいわれているのかさっぱり理解できずに挫折感を味わった。これは訳者の貧弱な語学力のせいばかりではない。グルントヴィはデンマークでも最も多くの著述を残している作家なのだが、残念なことにコンパクトな「作品」といえるものがない。文体は整っていないし、思索がつねに具体的体験や表象、ときには激情とセットになっているので、記述の歴史的、社会的背景が想像できないと内容に思いをいたすことがたいへん困難なのである。

さらに、彼は聖職者であり、また文献学者でもあって、訳者にとって疎遠な宗教用語や神話語、専門的隠語がテクストに織り込まれていて近寄りがたい……。こうしたことから、彼の同時代人のキルケゴールなどとまったく正反対に、グルントヴィの和訳が刊行されていない事情を大いに納得させられる始末であった。「数年後にはなんとか和訳ができ、ある程度のことが書ければいいのだが……」（拙著『デンマークを探る』風媒社）。訳者はこのように記すことが精一杯で、ひとまずグルントヴィへのアプローチを断念し、デンマーク語の習得と社会の観察や政治文化の研究に「数年」どころか十数年を費やす迂回路をとった。この間に訳者はコペンハーゲン商科大学とコペンハーゲン大学でそれぞれ一年ずつ著名な政治学者Ｏ・Ｋ・ペーダセンのもとで研究できる機会に恵まれ、二〇世紀の代表的民主主義思想家、ハル・コック（Hal Koch, 1904-63）を知り、彼の作品『生活形式の民主主義』（*Hvad er demokrati?*, 1945）や『グルントヴィ』（*N. F. S. Grundtvig*, 1959）を曲がりなりにも翻訳することができた。コックは戦時下の平和的抵抗運動のリーダーであったが、同時に彼はグルントヴィ学徒であった。コックは訳者に「間民属・民衆的なもの」(det mellemfolkelige)といった概念でグルントヴィの新たな側面をとらえる可能性を示唆してくれ、改めて近代デンマークの代表的思想家への関心が蘇った。訳者のデンマーク語解読力の向上は遅々としたものであったが、十年以上も積み重ねたので、そのときにはある程度の理論書や哲学書が読めるところにまで熟していた。そして偶然ではあるが、グルントヴィの青年期の比較的まとまった作品といわれる『世界における人間』が一九八三年のグルントヴィ生誕二〇〇周年記念に再刊されたという情報をえることで、テクストを古本屋から取り寄せて頁をめくったことが本書の公刊の直接的なきっかけになった。本書は深くドイツ古典哲学、とくにシェリングからの影響を感じさせるところがあったし、グルントヴィとシェリングとの決別が、ヘーゲルがシェリングと決別して『精神現象学』を完成させる経緯と重なって思い起こされ、かつてヘーゲルを学んだことのある訳者には驚きであった。グルントヴィの思想が近代デンマークの社会文化生活に深く根づいていったことを合わせて考えると、デンマーク社会は、ドイツ理想主義の実現だという当初の直観はあながち的外れでなかったことになる。

もっとも、テクストは深遠で難解な表現に満ちており、幾多の誤訳は免れないだろう。そのことは訳者の力量不足もさることながら、本書が未知の思想家グルントヴィの本邦初訳の試みだという点に免じてお許しいただきたい。

こうしてグルントヴィの哲学・学芸の世界が大きな敬意と関心の対象となってきたのだが、それでも、自然主義・ヒューマニズムの枠で思索している訳者にとって、率直にいってグルントヴィ思想の総体把握は荷が重く、適任ではないと感じている。とくに詩や文学、宗教などは、その方面に関心と造詣のある方々に委ねねばならないと考えている。だが、彼の理念がどのように現実世界のなかで、具体的な形態をとって成長し、彼の次の世代の新思想を規定したのか、あるいは現代デンマークの社会・政治的な過程においてグルントヴィ哲学がどのような意味を有するのか、こうしたことがらは関心を惹きつける課題としてさらに追究したいところである。それは、時と場はやはり異なるが、人々が困惑し苦悩する現代日本の社会・政治的、文化的状況にとっても、あるいは現代が抱える学問的課題にとっても、グルントヴィ哲学あるいはデンマーク型社会発展が貴重な示唆を与えうるとの予感からである。だが、この点は何百代言よりも解明の実行あるのみであり、ここで多くを語る必要はないだろう。

## 参考文献（邦訳書をあげている場合、その引用文は部分的に変更した。）

Birkelund, R. (1999), Det grundtviske og det rationalistiske oplysningsbegreb, i: *Livsoplysning*, Kvan.

—— (2008), *Frihed til Fælles Bedste: En Oppositionel Stemme fra Fortiden*, Aarhus Universitetsforlag.

Campbell, J. L., J. Hall and O. K. Pedersen (2006), *National Identity and the Varieties of Capitalism: The Danish Experience*, McGill-Queen's University Press.

Dam, P. (1983), *N. F. S. Grundtvig*, The Royal Danish Ministery of Foreign Affairs. 小池直人訳『グルントヴィ小伝——時代と思想』（社会文化形成ディスカション・ペーパー、No.15-1、二〇一五年、後に一粒書房、二〇二〇年）。

Gjesing, K. B. (1983), Indledning til <Om Mennesket I Verden>, Poul Krisntensen.

Koch, H. (1959), *N. F. S. Grundtvig*, Gyldendal. 小池直人訳『グルントヴィ』（風媒社、二〇〇七年）。

小池直人(1999/2005)『デンマークを探る』（風媒社）。

—— (2007)「コックのグルントヴィ論」（コック『グルントヴィ』所収）。

—— (2008)「生の啓蒙と環境保全——グルントヴィの思想的射程」（環境思想・環境教育研究会『環境思想・環境教育研究』第二号）。

Korsgaard, O.(1993), Hånd og Mund – Det er det Hele, i: *Kogintion og Pædagogik*, FL's Fællestrykkeri, Aarhus Universitet.

—— (1992), The Folkelig-Universal, in: H. Eichberg(ed.), *The School for Life*, The Association of Danish Højskler, 邦訳「フォルケリ・ユニヴァーサル」（『デンマークで生まれたフリースクール、フォルケホイスコーレの世界』新評論）。

—— (red.) (1997), *En Orm— en Gud*, Odense Universitetsforlag.

—— (1997), *Kampen om Lyset*, Gyldendal. 川崎一彦監訳／高倉尚子訳『光を求めて』（東海大学出版会）。

Marx, K. (1844), *Ökonomisch-philosophishe Manuscripte, in: Marx Engels Werke*, Ergänzungsband Schriften Bis 1844 Erster Teil, Dietz Verlag. 藤野渉訳『経済学・哲学手稿』（大月書店国民文庫、一九六三年）。

Michersen, W. (1987), Om Grundtvigs menneskesyn, i: *Grundtvig Studier*, 39-1.

Pedersen, K. A. (1989), Grundtvigs natursyn, i: *Grundtvig Studier*, 41-1.

コースゴー、O.／清水満編著　(1993)『デンマークで生まれたフリースクール、フォルケホイスコーレの世界』（新評論）。

Thaning, K. (1972), *N. F. S. Grundtvig*, Det Danske Selskab, 渡部光男訳『北方の思想家、グルントヴィ』（杉山書店、一九八七年）。

**謝辞**（**Tak**）

末筆ながら、浅学の訳者に有益な情報を教示していただき、翻訳にあたって多くの具体的アドヴァイスをいただいた、オーフス大学のR・ビルケルン教授（現在、南デンマーク大学）に心からの謝意を表したい。

*Jeg vil gerne sige "Tusind Tak" til Regner Birkelund(Syddansk Universitet) , som gav mig mange nyttige oplysninger og raad til denne japanske oversættelse. Uden hans hjælp kunne denne oversættelse ikke være blevet til noget.

# 新版への訳者あとがき

本書、『補増改訳版世界における人間』は旧版に訳出した「世界における人間」（*Om Mennesket i Verden*, 1817, Red. af K. B. Gjesing, Poul Kristensen）に付け加え、下記のような主題に関連したテクストを新たに訳出した。以下それぞれを簡単に紹介しておきたい。

○「人間の条件」（Om Menneskets Vilkaar, 1813, i: G. Christensen og H. Koch (ed.), *N. F. S. Grundtvig Værker i Udvalg*, Andet Bind, Gyldendal）

このテクストは一八一七年に公表される「世界における人間」に内容的に深く関連したものであり、講義の体裁で書かれているため「ですます」調で訳出した。若いグルントヴィはコペンハーゲン大学で神学を修めたが、その後詩人として、学者として身を立てたいとする願望があった。彼はまず大ベルト海峡に浮かぶランゲラン島で家庭教師として過ごし、さらに父親の求めによって郷里のウズビュで牧師補となった。この間、精神的に世俗的活動の願望と職業としての聖職者とのあいだを揺れ動く大きな危機に逢着するが、それはひとまずルター派の聖書主義の方向で打開を図った。とはいえ、彼はそうした世俗的活動をすっかり諦めたわけではなかった。じっさい、グルントヴィは一八一三年の九月八日のフレゼリーク六世への謁見にさいして、同年にノルウェーのクリスチャニア（現オスロ）に創設された大学での歴史学の教授就任を請願している。彼はこのテクストとの関連で修士の学位の獲得も考慮していたのであるが、このテクストの諸論点は一読してわかるように「世界における人間」と相補い合うものといえる。こうして「人間の条件」から『デーンの防塁』(Danne-Virke, 1816-19)にかけての時期の学術論考は上記の願望が背景となっているが、そのなかに彼の「学芸」(Vidskab)の基本枠組が産み落とされ、後年さらに展開されるのである。

○「神像として創造された人間」(Skabt i Guds Billede: En lidet kendt udredning af Grundtvig fra 1814, i: *Grundtvig Studier*, Aargang 38, nr.1, 1986)

このテクストは当初、一八一四年の『世界年代記』の第一巻に含まれたものであるが、その後、一九八六年に『グルントヴィ研究』誌で再印刷されたことになる。ここでは「神像としての人間」という主題が簡潔に述べられているが、その基調は、人間が歴史において「神像」として完成されることと、したがって、人類史は人間の発達史であるという歴史的視点である。この発達論は、啓蒙思想のなかで論じられる人間の完成可能性やK・マルクスなどが論じる全面的発達に通ずるものであるが、グルントヴィは同種の発達論をキリスト教的視点から保持していることになる。

○「まずは人間、しかしてキリスト者」(Menneske først og Christen saa, 1837, i: *N. F. S. Grundtvig Værker i Udvalg*, Ottende Bind)

このテクストは、上記の者から二〇年余の時を経ており、テクストが書かれた時点も、彼が三度のイングランド滞在を経て一八三二年に『北欧神話記』を執筆し、さらにソーアのホイスコーレの構想を煮詰めるなど、K・タニンのいうようにグルントヴィが思想的に成熟期に達した時点でのものである。「まずは人間」という理解には、まずキリスト以前の人間や異教徒、非キリスト教徒の存在を承認する含意があり、しかし、そうした人間の成熟によってキリスト教の受容が準備されるという思想が貫かれている。それは彼の原理主義的傾向を伴う初期の主張と整合的とはいえるが、しかし同一ではない。ここには啓蒙期を経て世界が複合的に進化したこと、それゆえ信仰と知、教会と学校の分離可能性という論点が伏在しているともいえる。じっさい、グルントヴィに共感しホイスコーレやフリスコーレで活動したいわゆるグルントヴィ派のなかにも学校の活動が信仰とは別物と考えた人々がいた。テクストは、多様な思潮の必然性とそれらへの寛容を示唆しており、現代的に見るときわめて重要な議論となっている。

○「人間の生」(Menneskelivet, 1847, i: *N. F. S. Grundtvig Værker i Udvalg*, Ottende Bind)

グルントヴィの詩歌で端的に「人間の生」と題されるのはこのテクストだけだとされるが、ここでは人間の自然存在かつ精神的存在としての総体性、独自性がキリスト的視点から歌われている。この思想は「世界における人間」でいわれる「小宇宙(ミクロコスモス)」としての人間に対応するものといえるが、そのさい注目すべきは人間が神像として完成される諸段階が暗示されていることである。これまでこのテクストはホイスコーレ歌集に収録されて歌われてきたが、学術的には無視されていた。だが近年、その思想的含意が注目されるようになっている。

○「人間の生は不思議で素晴らしい」(Menneskelivet, 1861, i: *N. F. S. Grundtvig Værker i Udvalg*, Ottende Bind)

このテクストは、人間と動物の相違を語っているが、「不思議」という点では、人間がたんに理性主義的に把握できるわけでもなければ、生理学的に解明できるわけでもないこと、むしろ人間は把握し尽くすことの不可能な神的な精神に由来することを歌い上げている。とはいえこのテクストでは初期の思想に比して、ことばや精神にいっそう積極的な意義づけがなされており、そのことはことばが「評議」という仕方で人間の共同性の調整メディアの役割を担わされていることからもわかる。『ホイスコーレ』論において庶民の市民形成に論陣を張り、政治家としても活動したグルントヴィをここに垣間見ることができる。ちなみに訳者は、二〇世紀の民主主義思想家H・コックが『民主主義とは何か』(邦訳『生活形式の民主主義』)でこのテクストをデンマークで継承すべきヒューマニズムの精神として引用していたことを記憶にとどめている。

＊＊＊

旧版は二〇一〇年に六〇〇部印刷され、それからおよそ一〇年を経過して品切れになった。この間、日本でもしだいにグルントヴィへの関心が高まり、訳者の研究もわずかではあるが進展した。だが同時に旧版の誤訳、誤植など、かなり多くの欠点が眼につくようになり、これを機に全体を改訳し、さらに彼の人間観の輪郭をよりよく見通せるよう、関連するいくつかの重要テクストを選んで付け加えた。なお旧版の解題は二〇一〇年時点での訳者の研究の到達点であり、したがってグルントヴィ理解には大きな制約があることは否めない。だが同時に、この解題にはグルントヴィの訳出にはじめて取り組んだ際の訳者のフレッシュな感覚がよく表現されていることに驚かされる。躊躇はしたが、誤訳や誤植の訂正、文意の明確化などわずかな字句上の訂正にとどめてあえて新版のテクストにも再掲することにした。ご寛容を乞うしだいである。

二〇一九年九月一二日　訳者

**謝辞**

この新版の公刊にあたって、多くの方々にお世話になった。ここに感謝の意を表したい。全員のお名前をあげることはできないが、まず、グルントヴィの全五巻の英訳テクストをオーフス大学出版会から刊行中のE・ブロードブリッジさんには、翻訳アドヴァイスに加えて、ご自身の「世界における人間」の英訳草稿を見せていただくなど特別なご配慮を賜った。また、グルントヴィ・センターのクラウス・ニールセンさん、コペンハーゲン大学神学部のアナス・ホルムさんには、テクストの翻訳困難な個所について助言とともに、テクストに関連する情報を教えていただいた。さらに、名古屋大学情報学研究科の大学院生の徐林さんには、ディスカッションを通じて訳文の検討に協力していただいた。これらの方々のご援助があってこそ、本訳書は改善されたといえるが、もちろん、残る欠点はすべて訳者の責任である。

　最後に、本書の刊行にあたって、いつもながら風媒社の劉永昇さんにお世話になった。末筆ながらお礼申し上げたい。

**Tak :**

Jeg vil gerne sige Tusind Tak til de tre Grundtvig forskere: Klaus Nielsen (Grundtvig Centeret) og Anders Holm (Københavns Universitet) har givet mig mange nyttige oplysninger til at oversætte teksterne til japansk. Desuden kunne jeg få den utrkte og i høj grad nyttige engelske version af *Om Mennesket i Verden*, takket være den fremragende oversætter Edward Broadbridge. Uden deres hjelp kunne denne japanske oversættelse aldrig være blevet til noget.

# 索引（50音順）


**あ**

愛　5, 6, 14, 15, 17, 26, 27, 31, 36, 47, 59, 66, 67, 72, 75, 80, 86, 87, 88, 89, 90, 91, 98, 99, 102, 104, 109, 110, 111, 112, 115, 118, 122, 124, 125, 127, 128, 130, 132, 134, 152, 153, 154, 159, 170, 175, 180, 182, 189, 195, 203, 204, 206, 215, 219, 220, 244
アイスランド語　146, 226
アウグスチヌス　114, 202, 203, 209, 224, 240
アキレウス　72, 215
悪魔　20, 73, 89, 178, 179, 181, 182
アダム　178, 179, 182, 202, 203, 226

**い**

イエス　61, 67, 104, 113, 114, 118, 132, 136, 151, 169, 181, 191, 193, 211, 223, 224, 228
異教徒　73, 76, 100, 101, 114, 182, 253
生ける垣根　36, 55, 212, 239
生ける信仰　98, 99
生ける真理　56, 76, 80, 87, 102
イシス　72
一般的感覚　47

**う**

ヴィジョン　5, 28, 100, 101, 203, 222, 236, 238, 240, 244
歌　5, 11, 14, 36, 56, 57, 100, 101, 102, 121, 168, 188, 189, 192, 193, 194, 195, 197, 200, 201, 203, 239, 240, 253, 254, 265
宇宙論的　6, 96, 163, 164, 226, 227, 235
宇宙論的証明　6, 163, 164, 226, 227

**え**

永遠の真理　54, 71, 80, 81, 85, 87, 91
永遠の生　13, 56, 87, 89, 90, 91, 98, 132, 190, 191, 232
エーゼ　77, 218
エノック　182

**お**

オーディン　72, 215
オシリス　72, 215
オデッセウス　72, 215, 216

**か**

解体・分離　38
概念把握　48, 51, 81, 90, 91, 92, 93, 100, 151, 203, 220
概念把握の時代　100
解剖　36, 38, 40, 207, 209, 237
鏡　29, 30, 45, 83, 175, 177, 185, 187, 205
学問　5, 42, 44, 45, 57, 78, 82, 83, 90, 93, 119, 125, 169, 170, 203, 212, 220, 221, 227, 231, 232, 233, 235, 237, 242, 243, 245, 248

可視的世界　19
神の仲間　130, 177
神の平和　6, 128, 130, 194
歌謡　5, 11, 56, 57, 100, 101, 203, 239, 240
感覚活動　4, 41, 43, 51
感覚的知性　92
感覚的人間　39, 40, 42, 44, 54, 211, 222
感覚的理性　70, 101, 214
感覚人間　53, 56
観取　82, 83, 85, 100, 137, 138, 144, 147, 164, 222
感受　79, 80, 87, 89
感情能　138
感情の時代　100
感触　41, 51, 79, 93, 94

き
機械仕掛けの神　72, 216
技芸　34, 78, 82, 83, 203, 220
吸引する深淵　122
嗅覚　47, 80, 138, 139, 145, 146
救済的信　98
強力　49, 84, 179, 219
虚偽　19, 20, 21, 22, 23, 24, 50, 64, 66, 67, 68, 73, 77, 85, 89, 97, 99, 101, 102, 107, 111, 133, 134, 139, 140, 156, 178, 221, 236
虚偽の語り部　24
ギリシア人　107
キリスト　5, 7, 12, 30, 61, 67, 74, 75, 76, 77, 91, 98, 99, 100, 101, 102, 112, 116, 133, 181, 182, 183, 184, 201, 204, 211, 212, 213, 217, 218, 219, 223, 224, 240, 242, 252, 253, 265

く
空間　4, 18, 21, 22, 23, 25, 28, 42, 52, 57, 89, 95, 144, 164, 165, 174, 175, 177, 203, 233, 234, 235
偶然　5, 68, 69, 70, 71, 72, 73, 213, 215, 227, 247
偶像崇拝　100
苦悩　6, 121, 124, 125, 126, 127, 128, 129, 130, 131, 132, 136, 147, 188, 193, 248

け
経験的美学　96
傾向性　86, 219
芸術　5, 69, 71, 73, 235, 236, 242, 243, 245
啓蒙　9, 70, 96, 108, 111, 115, 116, 120, 123, 124, 129, 133, 160, 162, 170, 204, 205, 206, 209, 211, 217, 222, 224, 227, 231, 234, 242, 249, 252, 253, 265, 266
健全な知性　29
原人間　163, 164

こ
コミュニティー　37, 207
婚姻の愛　88, 220
根源的良心　56
根本意志　64, 65, 76, 77, 241
根本言語　100, 222
根本像　84

さ
サムフンズ　56, 59, 66, 75, 85, 212, 266

し
詩　5, 31, 32, 55, 56, 57, 69, 71, 73, 78, 82, 83, 84, 85, 89, 90, 96, 100, 122, 139, 142, 145, 167, 179, 201, 203, 204, 206, 212, 215, 216, 221, 229, 239, 240, 243, 245, 247, 251, 253, 265
視覚　47, 80, 82, 83, 138, 139, 144, 145, 149, 165, 166, 209, 210
時間　4, 6, 12, 14, 15, 18, 19, 20, 21, 22, 23, 24, 25, 36, 43, 49, 52, 53, 57, 58, 71, 79, 89, 95, 96, 97, 110, 126, 127, 143, 151, 159, 160, 161, 162, 164, 165, 174, 175, 177, 190, 202, 203, 216, 233, 234, 235, 239
詩作　55, 139, 145, 216, 221
詩情　5, 31, 55, 56, 57, 69, 78, 82, 83, 84, 85, 145, 221, 239, 240, 243
詩人　32, 57, 142, 145, 167, 179, 206, 229, 251, 265
自然哲学　5, 25, 26, 67, 71, 73, 208, 211, 213, 215, 216, 217, 221, 237
自然哲学者　5, 67, 71, 73, 213, 215, 217
自然のダイナミクス　74
自然の福音　76, 217
実験的身体論　96, 221, 245
実践的魂論　96, 221, 245
詩的　57, 89, 90, 96, 203, 212, 221, 265
使徒　77, 112, 114, 115, 218, 227
ジャン・ポール　78, 218
秀逸な人々　62, 71, 213
一八世紀　7, 11, 62, 112, 169, 170, 171, 201, 234, 235
憧憬　11, 12, 13, 87, 234
常識　29, 212
小世界　40
触覚　41, 42, 47, 48, 49, 80, 85, 86, 138, 139, 210, 238
触覚感情　41, 42, 238
自立性　24, 59, 60, 77, 157, 159, 240, 241
信仰　4, 5, 27, 28, 29, 30, 31, 65, 67, 68, 69, 90, 98, 99, 102, 109, 113, 114, 115, 116, 118, 126, 130, 131, 132, 167, 176, 179, 183, 201, 202, 204, 211, 214, 215, 221, 224, 232, 236, 242, 243, 253, 265
身体的世界　15, 237
身体的自己意識　48
身体組織　50, 51
シンボル的　57, 91, 212
真理　5, 6, 13, 14, 17, 19, 20, 21, 22, 23, 24, 26, 27, 29, 30, 34, 46, 50, 52, 53, 54, 55, 56, 57, 59, 60, 61, 64, 65, 66, 67, 68, 69, 70, 71, 72, 73, 74, 75, 76, 77, 80, 81, 82, 85, 87, 88, 90, 91, 92, 96, 97, 98, 99, 100, 101, 102, 107, 108, 109, 110, 111, 112, 114, 115, 116, 117, 120, 131, 132, 133, 134, 136, 138, 139, 140, 152, 153, 154, 155, 156, 164, 166, 169, 170, 171, 175, 177, 184, 208, 219, 221, 223, 234, 236, 239, 240, 241, 243, 244

真理の記憶　88
真理の像　20, 21, 22, 80, 85, 87, 92, 236
真理の友　66, 154
真理への愛　5, 6, 27, 87, 88, 90, 99, 109, 110, 112, 132, 152, 153
人類　5, 29, 39, 62, 74, 75, 81, 101, 106, 114, 118, 123, 124, 125, 131, 161, 163, 165, 216, 218, 222, 232, 233, 241, 252

す
数学　38, 43, 52, 209
スポロン　141, 226

せ
聖書　25, 26, 30, 35, 46, 49, 78, 81, 108, 111, 132, 141, 142, 175, 203, 204, 210, 211, 218, 223, 224, 225, 226, 227, 228, 251, 265
精神　5, 19, 20, 22, 23, 24, 36, 37, 38, 39, 40, 41, 49, 53, 54, 55, 56, 57, 59, 60, 63, 64, 65, 66, 67, 68, 69, 70, 72, 73, 75, 76, 77, 78, 79, 80, 81, 82, 83, 84, 85, 86, 87, 88, 89, 90, 92, 94, 95, 96, 100, 101, 102, 103, 105, 106, 111, 113, 114, 115, 117, 118, 123, 125, 126, 130, 131, 132, 133, 137, 139, 140, 146, 156, 175, 176, 177, 179, 180, 187, 188, 190, 198, 199, 201, 202, 206, 208, 211, 212, 213, 214, 216, 217, 218, 219, 220, 221, 226, 230, 232, 233, 234, 235, 237, 238, 239, 240, 241, 242, 243, 244, 245, 247, 251, 253
精神的幾何学　37
精神的条件　5, 54, 56, 67, 68, 233, 239
精神的生　80, 89, 90, 137
生の感情　50
生の精神　53
生の表現　43
生表現　6, 44, 45, 140, 147, 149, 151, 156, 159
精霊　104, 175, 192, 238, 239
世界精神　72
世代　12, 16, 69, 80, 81, 82, 94, 95, 97, 100, 114, 197, 209, 213, 244, 248
セネカ　112, 224
先行感情　145
占星術　40, 208

そ
象　5, 18, 20, 21, 22, 23, 39, 40, 41, 43, 47, 48, 49, 51, 52, 53, 54, 59, 60, 63, 64, 66, 78, 79, 82, 83, 84, 85, 86, 87, 88, 89, 90, 91, 92, 94, 95, 98, 107, 113, 117, 128, 129, 137, 138, 139, 144, 145, 147, 148, 149, 152, 155, 158, 159, 160, 162, 163, 164, 165, 166, 167, 169, 174, 175, 176, 177, 203, 205, 206, 207, 208, 210, 218, 219, 220, 221, 230, 234, 235, 237, 238, 239, 243, 245, 246, 247
像　4, 5, 6, 7, 9, 14, 16, 20, 21, 22, 31, 34, 38, 43, 44, 46, 51, 53, 54, 55, 57, 60, 69, 70, 78, 79, 80, 83, 84, 85, 86, 87, 88, 89, 90, 91, 92, 93,

96, 98, 100, 101, 103, 107, 109, 119, 131, 133, 136, 138, 139, 140, 144, 145, 147, 149, 157, 158, 160, 161, 162, 164, 165, 169, 170, 171, 173, 174, 175, 177, 179, 190, 200, 201, 203, 204, 210, 211, 212, 220, 222, 230, 236, 242, 243, 246, 252, 253
像言語　57, 100, 212
創造　4, 7, 13, 18, 22, 23, 24, 29, 46, 50, 53, 54, 56, 57, 59, 60, 68, 72, 73, 79, 84, 86, 91, 96, 98, 109, 153, 158, 161, 163, 164, 165, 166, 174, 175, 176, 190, 204, 212, 221, 228, 234, 235, 236, 241, 244, 245, 252
創造的真理　22
想像力　5, 6, 31, 78, 83, 84, 86, 93, 107, 136, 138, 139, 140, 144, 145, 149, 157, 158, 160, 161, 162, 165, 177, 179, 203, 204, 210, 211, 212, 222, 242, 243
像的　55, 84, 86, 90, 91, 96
壮年期　100

**た**

太陽の輝き　28
ダヴィデ　183
堕罪　7, 99, 179, 180
魂　5, 11, 23, 24, 39, 42, 44, 50, 51, 53, 55, 59, 60, 63, 77, 80, 83, 84, 85, 86, 87, 88, 92, 94, 95, 96, 97, 100, 101, 106, 117, 121, 122, 124, 126, 128, 129, 130, 132, 169, 176, 177, 188, 191, 199, 205, 207, 214, 221, 224, 233, 234, 237, 240, 241, 243, 244, 245
魂論　96, 97, 169, 221, 244, 245
単純明快　6, 116, 117, 134, 147

**ち**

知覚　47, 220
力　5, 6, 12, 13, 14, 16, 19, 22, 23, 24, 25, 31, 36, 40, 41, 43, 49, 51, 52, 54, 56, 59, 62, 63, 64, 65, 66, 67, 68, 69, 70, 72, 73, 74, 75, 76, 78, 83, 84, 86, 89, 90, 93, 98, 99, 102, 107, 108, 109, 111, 113, 114, 119, 121, 122, 125, 126, 127, 128, 130, 131, 132, 133, 134, 136, 138, 139, 140, 143, 144, 145, 146, 147, 148, 149, 151, 152, 153, 157, 158, 160, 161, 162, 164, 165, 166, 169, 170, 175, 177, 179, 186, 198, 200, 202, 203, 204, 205, 208, 209, 210, 211, 212, 213, 219, 222, 223, 227, 242, 243, 244, 246, 247, 255
知識の木　177, 178
知性　29, 37, 46, 48, 50, 51, 73, 78, 92, 93, 113, 114, 115, 138, 145, 147, 148, 149, 152, 153, 155, 158, 164, 165, 166, 209, 210, 236, 238
知的感覚　47, 50, 210
中庸の道　27
聴覚　46, 47, 80, 138, 139, 147, 149, 166, 210, 212
塵　13, 23, 28, 53, 54, 56, 89, 95, 121, 191, 194, 195, 202, 213, 245

**つ**

翼のあることば　187

### て
ティベリウス　101, 223
哲学・学芸　4, 16, 27, 28, 29, 30, 46, 58, 170, 171, 202, 203, 205, 207, 219, 220, 232, 236, 242, 247

### と
ドイツ語　139, 146, 204, 205, 209, 220, 226, 265
道徳的感情　99, 214
動物的惰性　11
奴隷状態　126
奴隷的状態　126

### な
内面的生　125, 130, 147

### に
人間的意志　64
人間的詩情　85
人間の生　7, 22, 37, 105, 122, 151, 173, 185, 189, 196, 197, 198, 199, 228, 241, 253, 254

### の
ノア　182
ノルン　72

### は
バレ　114, 224

### ひ
評議　198, 254

### ふ
ファンタジー　31, 139
フィヒテ　65, 214, 240
物質　50, 233, 237, 239
物理学　38, 43, 52
不分明なもの　38, 92, 240, 243
普遍史的知識　98, 221
プラトン　112, 204, 224
フリッガ　72, 215

### へ
ベスレヘムの子　192, 196
ペネロペイア　72, 216
蛇（ヘビ）　49, 76, 178, 180
ベルナルドゥス　114, 224

### ほ
彷徨　4, 6, 16, 27, 34, 35, 36, 78, 99, 106, 122, 131, 132, 134, 168, 234
ポリュプ　44, 209
ホルベア　31, 32, 206, 209
本能的　43, 202, 208

### み
見えざるもの　4, 11, 12, 118, 163, 174, 202, 234
味覚　47, 80, 138, 139, 145, 146, 147
ミクロコスモス　40, 253

### む
矛盾律　6, 51, 52, 155, 156, 159, 205, 210
結び目　58, 60, 69, 74, 93, 105, 213, 224

ゆ
ユーモア　4, 31, 33, 204, 206, 218, 245
ユダヤ人　107, 182

よ
予感　11, 12, 43, 80, 89, 90, 128, 145, 146, 150, 201, 202, 203, 231, 243, 245, 248
欲望　29, 64, 86, 106, 130, 169, 180, 219, 244
欲求能力　138, 219

り
理性　5, 24, 28, 30, 32, 36, 45, 46, 48, 50, 51, 53, 56, 57, 66, 70, 97, 100, 101, 108, 109, 110, 112, 114, 116, 117, 133, 138, 148, 149, 158, 164, 177, 178, 179, 203, 204, 205, 206, 208, 209, 210, 211, 214, 217, 219, 221, 222, 224, 226, 235, 237, 243, 254
理性的自己意識　48, 237
理性の法廷　116
良心　5, 12, 30, 56, 63, 65, 66, 67, 68, 75, 76, 77, 80, 85, 87, 99, 107, 128, 129, 130, 179, 180, 214, 241, 244
両の手　41, 85

る
ルター　114, 139, 140, 203, 204, 213, 218, 223, 224, 232, 237, 239, 240, 242, 251, 265

れ
霊感　57, 146, 220, 226
錬金術　40

ろ
ローマ　45, 206, 223, 224
論理学　169

わ
我生きる　154

**著者紹介**

グルントヴィ

Nikolaj Frederik Severin Grundtvig, 1783–1872

Ch. F. クリステンセン画
1820年の若きグルントヴィ
（フレデリクスボー博物館所蔵）

近代デンマークを代表する思想家、詩人であり聖職者、政治家。童話作家H・C・アンデルセン、哲学者S・A・キルケゴールらの同時代人。宗教的には書かれた聖書よりも、語られる「生けることば」による「相互作用」を原理として伝統的なルター派神学を批判し、覚醒神学のリーダーとなる。他方で、「生の啓蒙」の理念を提唱して信仰から世俗世界を解放し、「歴史・詩的な」直観知の領域を開く。それは「フォルケリ・ホイスコーレ」構想に具体化されて、デンマークをはじめとした北欧諸国の社会文化形成や教育思想に重要な足跡を残した。後年にはデンマーク王国議会議員も歴任。現在、彼のテクストがドイツ語、英語などに翻訳され、しだいに世界各地で関心を呼び起こしつつある。日本では二〇世紀初頭の「日本デンマーク」運動とともに「農村文化の父」として紹介され、その後久しく忘却されたが、近年、彼の再評価と本格研究がなされるようになった。『デーンの防塁』、『北欧神話記』、『世界史手帳』、『デンマーク人』、『キリスト教の児童教程』をはじめとして膨大な著作が残されているが、主なものはH・ベートルップの編集の全十巻選集（*N. F. S. Grundtvigs Udvalgte Skrifter, Bind I–X*, 1904–09）およびG・クリステンセンとH・コックの編集による全十巻選集（*N. F. S. Grundtvig Værker i Udvalg, Bind I–X*, 1940–49）、S・グルントヴィらの編集による全九巻からなる詩歌集（*N. F. S. Grundtvigs Poetiske Skrifter, Bind I–IX*, 1880–1930）などに収録されている。なお近年、E・ブロードブリッジらによる全五巻の英訳選集（オーフス大学出版会）の刊行、オーフス大学のグルントヴィ・センターを軸とした電子版テクスト *Grundtvig Værker* の編集の進行、また関連する様々な国際会議の開催など、デンマーク内外で研究活動が活発化している。

**訳者紹介**

小池直人（こいけ　なおと）

1956 年、群馬県生まれ。名古屋大学情報学研究科に勤務。社会思想、北欧社会研究を専攻。主な著書に『デンマークを探る（改訂版）』（風媒社、2005 年）、『福祉国家デンマークのまちづくり』（西英子との共著、かもがわ出版、2007 年）、『デンマーク共同社会（サムフンズ）の歴史と思想』（大月書店、2017 年）がある。また主な訳書に、H・コック『生活形式の民主主義』（花伝社、2004 年）、コック『グルントヴィ』（風媒社、2007 年）、N・F・S・グルントヴィ『生の啓蒙』（風媒社、2011 年）、『ホイスコーレ』上、下（風媒社、2014 ～ 2015 年）、P・ダム『グルントヴィ小伝』（一粒書房、2020 年）、H・L・マーテンセン『ユートピアから法制への社会改革』（一粒書房、2020 年）がある。

**世界における人間［新版］**

2020 年 10 月 30 日　第 1 刷発行　（定価はカバーに表示してあります）

著　者　N. F. S グルントヴィ

訳　者　小池　直人

発行者　山口　章

発行所　名古屋市中区大須 1-16-29　振替 00880-5-5616 電話 052-218-7808　http://www.fubaisha.com/　風媒社

＊印刷・製本／モリモト印刷　乱丁本・落丁本はお取り替えいたします。

ISBN978-4-8331-3182-7